朱啓泰 著

漫談中國近體詩

文史哲出版社 印行

國家圖書館出版品預行編目資料

漫談中國近體詩 / 朱啓泰著. --初版. – 臺北
市：文史哲, 民 97.05
面： 公分
ISBN 978-957-549-793-4（平裝）

1.中國詩 – 評論

821.8　　97009274

漫談中國近體詩

著　者：朱　啓　泰
出版者：文　史　哲　出　版　社
http://www.lapen.com.tw
登記證字號：行政院新聞局版臺業字五三三七號
發行人：彭　正　雄
發行所：文　史　哲　出　版　社
印刷者：文　史　哲　出　版　社
臺北市羅斯福路一段七十二巷四號
郵政劃撥帳號：一六一八〇一七五
電話886-2-23511028 · 傳真886-2-23965656

實價新臺幣二〇〇元

中華民國九十七年（2008）五月初版

ISBN 957-549-793-4

高序

江蘇東臺，位居如臯之人才輩出。啓泰兄來自東臺，書香門第，家學淵源。點劃轉折，清逸端正，一絲不苟，估量其國學造詣，詠近體詩爲樂。千禧年起，秉筆寫詩，果然詞藻文采，不同凡響，猶若出自行家之手。落筆嚴謹，每以隻字之斟酌，音韻之結合，推敲竟日，務期盡善盡美，用功之深，可見一般。記事詩首重真實，至於臧否人物，褒貶時事，囿於大眾觀念各異，頗有懸殊，既難涵蓋，遂爾較少著墨。筆耕勤奮，七年於茲，孜孜不倦，持之以恆，積詩計七百餘首，佳作到處，譽亦隨之。

年來啓泰以數學解讀近體詩之結構組合，創意新穎，啓迪後人，有志之士，裨益非淺。欣見近體詩之賡續綿延有望焉。

伯深高之濬民國第二丁亥春月於西雅圖嵩廬

漫談中國近體詩勘誤表

頁	行	誤	正
84	11	十二頁	二十六頁
84	11	卅頁	四十七頁
91	9	第三十三頁	第五十五
95	11	第五十三頁	第五十七

胡序

我和啓泰兄相識，是在五十年前，即一九五七年，密西根大學同學。他習電機，我學機械。在校園裡，見面機會不多。可是我們和其他三位中國同學，在校園附近合租一幢廉價住所。於是朝夕相處，情似手足。我發現他的確聰敏過人，學貫中西，術兼文理，幾乎無所不通，無所不曉，專才又通才，令人稱羨不已。

啓泰兄出生於江蘇省東台縣，名門望族，高祖子才公曾中進士。祖父筠白公，拔貢生，廷試第一。整個家族能詩文者達十餘人之多。啓泰兄家學淵源，自幼勤讀四書五經，古文詩詞。及長又精研歷史，地理，理化，數學。一九四八年自大同大學電機系畢業後，執教於台北第一女中，後任職於基隆港務局。一九五零年與大同大學同學柳慧珠女士結褵，伉儷情篤，家庭生活美滿，啓泰兄取得密西根大學電機碩士後，先後在西屋波音等公司工作，並升任波音工程經理，主持七四七與七六七兩種飛機電子線路設計。所引進的年輕工程師，皆經過他學術考選，爲現在波音公司新進人員考試制度之先驅。他用人唯才，不計種族。所以他的部屬中，有很多外籍移民，亞，歐，非，美，白，黃，黑各種民族。上級戲稱爲小聯合國，迄至榮退。

二千年兒女們爲他們夫婦慶祝金婚。朱兄一時高興，寫了一首紀念詩。從此雅興上了癮，年年不斷，寫了很多詩。最近他感到中國詩可能面臨絕境。所以研究出一種簡易作詩法。那就是像代數公式一般，借用古詩的韻及像微積分一般的集句詩。如果學科技的朋友，也能像啓泰一樣，用數學的方法來研究作詩，則中國詩的前途，必定無量。我也是學科學的人，的確有同感。

正如啓泰兄所說，中國古體詩和近體詩的作品，已經逐漸減少。前有古人，後繼少人。尤其在一個向錢看齊的拜金社會風氣裡，對詩有興趣的人，更是越來越少。於是他提倡人人能詩，不一定要有天才，只要有靈感，尤其學科學的人，更容易學習作詩。因爲作詩正如他所說的，真像代數公式。詩意就像方程式中的變數。我們可以選擇不同而近似的古人詩篇作藍本，換一些係數（或稱常數）和你所要表達的詩意，便可以寫出不同題材的新詩。本書卷首的第一首詩「詩鐘」便是用陸游的「示兒詩」作藍本的。原詩如下：

死去原知萬事空　但悲不見九州同　王師北定中原日　家祭無忘告乃翁

讀者可以看出「詩鐘」與「示兒詩」不同的地方，只是將第二句的韻腳，「同」字改爲

「終」字外，其他的句腳完全相同。詩中其他的字句，都是按照陸詩的平仄，用與「詩鐘」有關的字彙代進去的。現今電腦發達，如要把所有的名詩儲入電腦。作詩的時候，只要把所有同一詩韻的古人詩句找出來，然後用代公式的方法，改一些係數，來配合作者當時的情意，而不需要像古人一樣，要熟讀唐詩三百首後，才能作詩。我們更鼓勵學科技的朋友們，不論年紀多大，在人生崎嶇的道路上，難免有低潮或高潮的時候，如果能把最得意和最失意時的情形，用一兩首詩表達出來，這對後人的影響，豈不是很大嗎？現在讓我舉一個例：汪精衛在近史裡，大家都說他是一名漢奸。但如果你讀了他那首刺攝政王未遂被捕的那首詩，會作如何想法？

慷慨歌燕市　從容作楚囚　引刀成一快　不負少年頭

我想他當時的心情，是真的要爲革命而壯烈犧牲他那最寶貴的生命。在他作詩的時候，滿懷愛國心。加以才華絕代。連對頭攝政王對他都表示同情。

南平胡碩英二〇〇六年於美國密西根州花田市

自序

在我童年八九歲時，家庭教師便教我唐詩。那時覺得吟詩很有興趣。後來我在大學裡，學的是電機工程。進了美國研究院後，專攻自動控制，輾轉到波音公司工作。一瞬眼間便是五十年。在波音任職時，因身爲主管，接觸了不少背景不同的同事和下屬們，眼界開展。對世界各地的風俗人情，了解甚多。但因工作繁重，很少有閑暇讀中國書籍。公元二千年，兒女們發起，慶祝我們的金婚。我開始寫詩，以後陸續寫下去。從寫景詩，時事詩，史詩，科技詩，寫到婚喪慶賀詩。差不多想到什麼，便寫什麼。我寫的絕大多數是近體詩，有五言，七言，絕句詩，律詩和排律詩。約七百餘首。將來會在籌劃中的唐人集和天外飛鴉集中和讀者們見面。

我是學工程的。我很喜歡務實研究。複雜的事情，要設法簡化。越是艱難的工作，越有興趣要做。因此我喜歡寫詩。從詩中可以得到靈感。有時不滿意的詩句，經過長時間的思索後，常會找到最適當的字句，得到無比的快慰。

二千零三年，我發現近體詩的規律，很像代數裡的公式。古人常說，熟讀唐詩便會寫詩。難怪有時靈感來臨，常帶來類似古人的詩句。這一發現，使我寫詩的興趣大增。有時一天內會寫出三首詩來。

古代有一種唱和詩，朋友們寫詩往來，你唱我和。其中有一種步韻，又名次韻的和詩，是用來詩（唱詩）的格式，韻腳，及韻腳在來詩中的次序，僅換了其他的字句相和。這種詩體，今人大可利用，用古詩的骨架，將自己想寫的事物代進，不須另起爐灶。

後來又看到沈德滋教授所寫的集句詩。更想到近體詩中的集句詩，與微積分的基本理論相同。微積分集合代數促成廿世紀的科技進展。同理，集句詩集合電腦技術，也將會在廿一世紀帶領中國近體詩走向康莊大道。

寄語有興趣寫詩的人們，你們不須要有很高深的文學根基，也不必要熟讀唐詩。只要有信心和毅力，便可以借助電腦，化少量的時間，寫出自已想寫的詩來。

幾年前國民黨主席連戰，訪問大陸，在談話中引用唐詩中的兩句：『潮平兩岸闊，風正一帆懸。』得到兩岸人士的共同贊賞。回想詩人王灣寫這兩句詩時，那裡會想到一千多年後，會有人引他的詩句，用在黨政場合上。所謂詩有別意，這便說明詩意是多層的，看各人的領悟和及時的運用而異。

爲了方便讀者練習作詩押韻，書後附詩韻常見字彙。

當初我寫詩時，得到好友潘錫龍先生，指教甚多，特此誌謝。

本書得到高之濬先生及同窗好友胡碩英先生非常寶貴的序言及金寧海吳小苓夫婦的賜助，使它能夠和讀者見面。多謝多謝。

朱啟泰於美國華盛頓州雲通嶺二〇〇七年十月

漫談中國近體詩

目次

第一章 前言

詩鐘

千古風流往事空　但憂近體古詩終
他年國粹中興日　煩請鳴鐘告睡翁

中山先生在國父全集中曾言：『中國詩之美，逾越各國，如三百篇以逮唐宋各家，有一韻數句而演爲彼方數千百言而不盡者。或以格律爲束縛，不知，能者以是益見工巧。至於塗飾無意味，自非好詩。就如「床前明月光」之絕唱，謂妙手偶得則可，惟絕非尋常人所能道也。』下註：「民國七年某日，在粤與胡漢民朱執信等談話」。展堂先生另有附記：「民國七年時，執信偶爲新體白話詩，中山先生輒詔吾輩。」即在上文所載各語後面，加了下面一段：「今倡爲至粗率淺俚之詩，不復求二千餘年吾國之粹美，或者人人能詩，而中國已無詩矣。」

上面這一節是中山先生對中國詩的精闢評語。如今八十多年後，誠如先生所料，人人能詩。但中國古詩和近體詩的作者們，差不多已如鳳毛麟角。也將正如他所說，中國已無詩矣。

面對中國古詩當前的厄運，使我這樣的天外飛鴉美籍華僑，感慨萬千。想替中國詩盡一些力。朋友們多說：「算了吧，獨木難支大廈，何必多傷腦筋。」我的回答則是，眾志成城。定可扭轉乾坤。這是我寫這篇漫談的動機。但因身在國外，參考書欠缺。希望海內外對中國詩有興趣的宏才高賢，惠賜指教爲幸。

筆者來美已逾半個世紀，可以算是半個美國人。回顧美國詩壇，情形並沒有比中國詩壇好了多少。美國人讀書者多，讀詩者則少有。走進圖書館中，猜想應有少數媽媽陪著小孩們讀詩，但我從來沒有看到過。一般人空閒下來，大都是打開電視看球賽。偶爾聽古典音樂。對於雪萊或拜倫的詩集，他們並不比中國人熟悉很多。但談到昨晚強尼卡生（Johnny Carson）的笑話，則人人興高彩烈。議論風生。

究其原因，西洋詩也和中國詩一樣，不求在現代題材上發展，只憑幾句俏皮詩句，怎能比得上笑料大師們及時的笑話，能說到一般人的心靈深處。而且現代美國式的口語白話詩，多蔑視詩的音韻面和藝術面，因此也不能與古典音樂競爭（關於詩的音韻面和藝術面，將在下文「詩的六種面」中討論）。

照目前的情形看來。不管是中國詩或者是西洋詩，都在走向沒落之途。如果不加改進，將來可能到達世界無詩的地步。但中國詩中的近體詩因爲有格律和聲韻的規則，詩中的音韻面，藝術面和意識面，一般都比口語式的白話詩高明得多。在電腦逐漸普遍的情形下，只要稍有文學基礎的人，可以借助電腦，集前人的詩句或仿照前人詩句的格局，用和詩的方式，就能寫出自己的詩。只要海內外華人中的有志之士，大家同心努力，中國詩將來可能還有重睹光明的一天。

朱啟泰二〇〇七年十月于美國華盛頓州雲通嶺

作者通訊處：Mr. Chi-tai Chu,
4431 NE 23rd ct.,
Renton, WA 98059
U.S.A.

第二章　談談中國文藝

一、中國語文一般淺述

中國語言是單音綴的語言，與西方拼音的多音綴的語言不同。因爲地區的關係，和天災人禍人口的遷徙，各地語言的發音，常會改變，與文字的讀音分離。最顯著的是江浙一帶的吳語，兩廣的粵語和北京話中沒有入聲等等。

一般說來，漢語文字的讀音，各地是相差不多，可以勉強聽得懂的。記得作者初到臺灣時，業務上常與一位朱老先生來往。他說的閩南話，我聽不懂。我說的普通話，他也聽不懂。我們只能用筆談。他抱怨說，我們是同宗，但言語不通，真是不便。我靈機一動，便問了他幾個字的讀音。原來閩南人讀漢字，與江蘇人的發音很相近。當時我便建議他，說話時照漢字讀音發音。他試了一下，我可以聽懂。數月後，我們可以交談，不須用筆了。最近我遇到另一位閩南林老先生，他告訴我：「過去閩南人往北京應試，說話時照文字發音，與北京人交往。他們稱這種話為『孔子白』。」

去年我在上海時，在電視上看到中國各地的新聞，一律用國語廣播操作。遙想我們下一代，將可以看到中國語文發音一致。全國人民，彼此可以互相溝通。而不會因語文分離，容易受外人挑撥彼此敵視的大當了。

二、韻語與韻文

中國詩歌所用的韻，是從韻語而來。在文字沒有創造前，歌聲因韻語的順口，才能流傳。有了文字後，大多數的格言，銘文，是押古韻的。先秦以前，諸子百家的書，也常有用韻文的。文章用韻的優點，是順口和聲音和諧，容易讓讀者記牢，流傳推廣。但因後代文字的讀音，隨著語言的改變，而與古音不同，新韻便代替了古韻。

中國文辭中，依音綴兩兩相連的是韻文；不計兩兩相連，而僅依意旨表達的是散文。中國文字有四聲平仄。韻文中有在詞面上表示意念的文字和兩兩相連及非兩兩相連的詞底的音律。趙元任於「語言問題、四聲」中說：「兩個音綴連接起來成詞或詞組，總是第二個稍為重一點。在中國語裏頭，重的音不單是重，而且時間加長，並且音高有變動的詞，範圍加寬，就等於調號加大一點，頭一個比較輕一點，就畫小一點。」

三、中國文字讀音與樂音的結合

在南北朝時代，先有北魏時李登撰聲類十卷，以五聲命字，後有王斌著五格四聲論，及沈約製韻，以「平上去入代替宮商徵羽角」。以「宮商」爲「長」，「徵羽角」爲「短」。文字讀音，不但依據四聲而定，而且與音律集合。既有時長，也有音階。奠定了中國近體詩平仄律的基礎。從此以後，全國各地的讀音，大致相近，雖有變音，但多數是在雙聲疊韻範圍之內。這是世界上的一件大事，不知有沒有其他國家文字上的讀音，會與樂音相似定調的。

由于中國文字讀音與樂音的結合，首先促進唐代近體詩的發展，後來宋詞元曲繼之。元曲之後有崑曲。崑曲之後有京劇。京劇因爲受到廉價電影的沖擊，現在雖然不如往音。但比起西洋歌劇的退縮，是好得多了。

四、詩書畫印

四美具

四美齊全紙一張　魚龍山水畫情長

書從金石鮮紅印　天趣吟詩動靜藏

憶唐寅

詩書畫意顯神通　才藝風流造化窮
三顧驚鴻留一瞥　關睢行草牡丹紅

註：這首詩中第三句，是指看過一眼唐寅詩書畫後，讚美他在詩書畫三方面的藝術成就。第四句關睢是指他的詩，狂草是指他寫的字，牡丹紅是指他的畫。詩書畫同在一張紙上。

中華民族是愛好和平的民族。數千年來，人們常常在天災人禍，憂患病害，流離失所，跋山涉水，落泊異鄉中生活下去。感情上所產生的喜怒哀樂，七情六慾，時時在文藝作品中表現出來。這些文藝作品，經過歷代的師承書授，發掘創新，產生了高度的成就，卓立於世界藝林。不幸的是清末民初，由於我國政經科技落後，列強侵凌。一些人的心中，總以為舶來品，樣樣都好。連中國寶貴文藝方面的成就，也在輕鄙荒廢之列。這種心理上崇洋的毒葯，是侵略者消滅殖民地文化無形的武器，是鼓勵奴隸們毀滅祖產的良方，遠比鴉片還要利害。筆者在美國住了半世紀後，才想通了這一點，希望國人警惕。

中國文藝作品是講求心靈的，意境的，和諧的，綜合的。詩是心聲。中國偉大的詩人畫家，詩情畫意都在心中。因此才能夠七步成詩，倚馬可待。再說，中國的潑墨畫，是把一硯墨汁，隨手潑在紙上。在短時間之內，要畫成一幅畫。如果心中沒有畫的意境，紙上將是一片糊塗，比塗鴉還要難看。可是，我們的大畫家，卻能夠運筆迅速畫成一幅不平凡的畫。相傳古代畫家考試中，有一次，畫題是一句詩句「踏花歸去馬蹄香」。考生中，一位畫家在馬蹄旁畫了一雙蝴蝶飛繞，表示有香的氣味，這幅畫當時稱爲傑作。（在唐弢「創作漫談，不做落第秀才」書中，便有這一段的記載）。詩人講意境，畫家講意境，書法家也講意境。早在一千多年前王維的畫與詩，譽爲畫中有詩，詩中有畫；明代唐伯虎，詩書畫三絕；清代鄭板橋用書法之筆意畫蘭竹，以及近人吳昌碩，齊白石等人的畫幅上，有詩，有字，再加上古雅的印記，皆是融合多種藝術於一爐的綜合成就。這與西洋的詩與畫，分道揚鑣，各自爲政，大不相同。

五、中國傳統畫藝復活

中國的傳統畫是以心靈爲主，不在一筆一劃中尋求逼真。因此不重視透視和寫生的觀感。很多國人總以爲沒有西洋畫的惟妙惟肖。但是曾幾何時，西洋畫因爲比不上攝影的逼真，受到了攝影的排斥。傳統的西洋畫立不住腳；因此轉向東方畫藝，在意境上找尋出路。

在廿世紀中，出現了畢高索一派的印象畫。一時風靡了全世界，連帶中國畫也抬起頭來。但印象畫還不能結合其他藝術於一爐，沒有達到藝術上多層綜合性的境界，似乎還是落後中國畫一籌。

六、書法與印章

書法與印章是中國二種獨特的藝術項目。中國書法因歷代碑文石刻，得以保存下來。真草隸篆，四種書法，各有名家。草書筆走龍蛇，奔放中有動的意境。晉朝王羲之蘭亭集序的草書，爲帝皇所賞識，尤爲名貴。真本久失。碑拓的印本，也不易求。印章則是繼古代鐘鼎甲骨雕刻的刀法藝術。用以點綴書畫中的趣旨。鮮紅色的印配合古式古香的章，調和畫面上的色彩和彌補空白，分外引人注意。因此中國的書法與印章也跟著中國畫走進很多世界藝術之宮。

七、中國詩的光榮歷史

漫談中國詩二首

（一）舊夢重溫寫舊辭　今人多說不時宜

星空無際題無界　不是風情也入詩
（二）龍領明珠光耀世（註一）東方瑰寶舊文辭
詩經三百初民撰　騷體九章哀楚癡
歸去陶潛耕種樂　傲遊李杜困窮羈
英才歷代紛紛出　絕律行吟字字熙

註一：頜，口也。

中國詩歌最早是源出於民謠。歷史是相當悠遠的。早在三千年前，便有詩歌的記載。古代的擊壤歌，相傳是帝堯時康衢老人所作。其後有詩經，孔子加以整理刪改後，曾說，「詩三百篇，一言以蔽之，曰：思無邪。」於是詩經便成了中國重要的六經之首。屈原作離騷，他的抒情史詩，光輝燦爛，得到高度成就。中國詩又向前邁進了一步。後來曹氏父子，橫槊賦詩。詩得到有力人的鼓勵，統治者的嘉許，因此更上了一層樓。到了唐朝，經過詩人們共同的努力，將詩句規格化，詩章系統化，發展成有別於原有古詩的近體詩，得到大眾化的推廣。於是詩人輩出，唐詩便成了中國文學史上的驕子，並且出口到日本。唐朝以後，詩人仍舊保持著桂冠。大多數的中國文人都會作詩。一直到清末民國，很多革命志士，寫白話文的文人，和中國政府中的政要（如秋瑾，汪精衛，毛澤東，葉劍英，郁達夫和朱自清等），都有詩名。這與外國文壇，文人兼詩人只佔少數的情形，大不相同。可是近來中國的古體詩和近體詩的作品已經是逐漸稀少。代之而起的是人人會寫的新詩。回想數千年來中國詩人們留下的古詩和近體詩壇，如果在我們這一代斷根送掉，真會是一件傷心遺憾的大事。

八、沒落中的中國古詩

天涯

天涯通古道　瘦馬望塵嘶
西下斜陽晚　昏鴉老樹棲

林語堂先生在他的名著「吾國與吾民」中曾說：「中國人的藝術和文學天才，係設想於情感的具象的描寫而尤卓越於環境景象的渲染，乃特殊適宜於詩的寫作。……中國的詩，以雅潔勝，從不冗長，也從無十分豪放的魄力。但她優越地適宜於產生寶石樣的情趣，又適宜用簡單的筆法，描繪出神妙的情景，氣韻生動，神雋明達。」又說：「中國思想的樞要，似也在鼓勵詩的寫作，她認爲詩是文藝中至高無上的冠冕。」然而中國文藝上最寶貴的詩呢，現在卻是一落千丈，跌進了深淵。前有古人，後繼乏人。本應是東方西方互相借鏡的詩壇，由於新詩人缺乏中國詩的根底，變成了一面倒地翻抄外國詩。月亮是外國的圓，河水是康橋下的清。喝過了洋水，便說可口可樂比酸梅湯容易解渴，來抬高自己的身價。只有那些住在外國多年來的華僑才不相信這一套媚外的論調。

九、模仿西式的新詩

新詩

同是天涯淪落戶　相逢何必誓追隨
綿綿情意詩聲密　怎及卡生笑語嘻

在廿世紀前的中國，大概是受了巫醫樂師百工之人，君子不齒的影響，一般人的心中，總希望望子成龍，走考試和升官的路線。文人總是高高在上，蔑視其他職業的人。民國以後，胡適等人，發動新潮，大量介紹西方文學。在他答錢玄同「什麼是文學」書中曾說：「文學有三個要件：第一要明白清楚，第二要有力能動人，第三要美。」又說：「懂得還不夠。還要人不能不懂得；懂得了，還要人不能不相信，不能不感動。我要他高興，他不能不高興；我要他哭，他不能不哭；我要他崇拜我，他不能不崇拜我；我要他愛我，他不能不愛我。這是有力。」這些話用在詩上，並不很正確。第一要明白清楚。詩是含蓄的，不一定清楚明白。詩常有深意。有心人所了解的詩意與表面上的詩意，不一定是同一回事。第二要有力動人。詩常以靈性感人，不是有力能動人。第三要美。詩的辭句，確是要美。但詩人所談的，往往是缺陷美。所謂情景中的情，往往是幻想中得不到的情。

現在中國的新詩人，往往先從翻譯外國詩著手。因爲他們不是出生在外國，可能沒有深切地了解外國的生活習慣。外國詩翻成中國詩後，常會失去原詩的精髓。加上中外聲韻不同，難於翻譯。只有在通俗的文句中標新立異。至於中國新詩的讀者們對外國的情形，更是隔靴抓癢。因此，對外國詩的內涵意趣和雙關語的譏諷，不能像美國讀者們易於了解。這好比一批中國來的遊客，去聽美國笑料大王強尼卡生（Johnny Carson）的笑話；看到美國觀眾捧腹大笑，自己覺得莫明其妙的情形差不多。

因爲中國新詩的根在外國，新詩人們爲了迎合中國讀者的興趣不得不限制題材。一般翻譯過來的新詩，多以抒情爲主。因爲情之一字，中外都是差不多的，很容易迎合讀者們的愛好。譬如當年林紓翻譯的「茶花女」，在國內不僅是新奇，而且情節動人，適合讀者們的口味。因此在這種情形之下，連帶中國土生土長的新詩人，也以寫抒情詩爲主，很少見到有其他題材的詩。連風景詩也少見。近年來，外國詩壇也在鬧不景氣。爲了吸引讀者，常有新形式的詩出現。國內便依樣葫蘆地也來一套。但對於詩題，卻依然故我，不隨著時代的進步，引用現代的題材，甚至時事詩都很少見。這真是一件遺憾的事情。

由於中國各地語言複雜，當地的口語往往與外地不同。因此用當地口語寫作的新詩，外地人常不易領略，有時還不如唐詩來得通俗。因此人人能寫的鄉土口語新詩，常不是全國人人愛讀和推廣的佳作。還有，用口語寫成的新詩，如果沒有雋永的詩意和經過文學修詞上的洗練，便好像是小孩們講的話，隨說隨忘，很難使讀者有深刻的印象。

第三章　談談詩的六種面

一、詩人的生活面

詩聲

詩聲來自心田裡　出口昇華氣韻滋
寫景應行千里路　求知須拜百家師
苦吟搜索枯腸稿　多讀尋求悅耳辭
興到時時留記筆　靈開轆轆頓忘飢

詩是活的文學。詩意往往是在闡述詩人心中的意志和人生哲學。屈原死了二千多年，但離騷卻代表了他的精神，留與後人瞻仰。

古人說：詩言志，歌永言，聲依永，律和聲，又說：詩者，志之所之，在心爲志，發言爲詩。這些都是描述詩人的生活思想和詩人的所見所聞。所謂行萬里路是指詩人與大自然和人世方面的接觸多，了解深。讀萬卷書是說詩人的知識面廣，感想多。現在由於電腦的發展和電視的推廣，過去常人看不到和想不到的事情，人人都可以坐在家中看到。世界縮小了。行萬里路，可以不須出外遠行。所差的只是人情世故的磨練。但是知識面天天在擴大，讀萬卷書便難於做到了。

詩人的生活面，是詩的泉源。詩人便是依靠這一脈清泉，詩篇才能滾滾而出。明淨的泉水，培養了詩的優良品質和詩人的風格。一首詩篇明眼人常常一望即知，這是某人的詩。詩風有時常隨著詩人的年齡和境遇而變。古人說，詩窮而後工。詩人最佳的詩，往往是在窮困潦倒時所作。如項羽的垓下歌「**力拔山兮氣蓋世。時不利兮騅不逝。騅不逝兮可奈何。虞兮虞兮奈若何。**」這首絕命詩，是何等地淒涼悲壯。由此可見，詩人的生活面影響詩的素質和辭句的感動力量，關係鉅大。

一般說來，詩人往往是痴人，是幻想家。他常會把時間當成空間。他的感情是赤裸的。他的心裡是空曠的。他的言語常會是帶有幻覺的，但是沒有虛假。他的性格往往是堅強的，有著不屈不撓的勇氣。也許他會跌跤，甚至殺頭。但他如果還能活下去，還會繼續去做。他說的話不一定真，做的事不一定善，寫的詩不一定美。但他卻努力向真善美的方向走去。

錢謙益鈍吟集序：「古之爲詩者，必有獨至之性，旁出之情，偏詣之學，輪囷偪塞，偃蹇排奡，人所不解而己不自喻者，然後其人始能爲詩，而爲之必工；是故蝡美圓熟，周詳謹愿。榮華富厚，世俗之所歎羨也，而詩人以爲笑；凌厲荒忽，傲僻清狂，憂悲窮蹇，世俗之所詢姍（註一）也，而詩人以爲美；故曰詩窮而後工，詩之必窮，而窮之必工，其理然也。」

註一：詢與詬同，恥也，罵也。姍，通作訕，謗毀也。」

二、詩的題材面

詩的題材（二〇〇七年）

題材俯拾時時有　興發靈開處處詩　萬景千情多傑作　新聞故事好遐思
魚虫花鳥因人寄　日月星辰耀地滋　科技巫醫工藝事　外交商務對談辭
大洋水漲高潮湧　空氣塵污萬里彌　爭奪油源身自爆　搜防恐怖術潛施
光纖電腦交流便　温室全球暖化隨　宗教耶回多敵意　朝伊原子及時宜
銀行貸款貧民赤　經濟危機國債訾　意到心頭冲口出　句吟世事脫韁馳

多年來我一直在思索，什麼是詩。一般人可能認爲詩只是言情寄興的文學。這種說法似乎把詩圈在個人的小圈圈內，所談的只是詩的題材領域中的一部份，忽略了詩的大眾化和普及性。不像古代那樣無拘無束地作詩吟唱，得到大眾推廣傳誦並傳留到後代。

按照周禮鄭注所載，詩有六義。「一曰風，言聖賢治道之遺化。二曰賦，賦之言鋪，直鋪陳今之政教善惡。三曰比，見今之失，不敢斥言，取比類而言之。四曰興，見今之美，嫌於媚諛，取善事以喻勸之。五曰雅，正也，言今之正者，以爲後世法。六曰頌，頌之言誦也，容也，誦今之德，廣以美之。」

從上面所述的六義而言，古代詩經所寫的詩多半是對當政的評語和對社會風氣的記載與批判。但後來皇權高張。詩也由大眾所傳播的詩改變成個別詩人的寫作。作者有姓名可稽。詩人常因詩句有忤，得罪當政。輕則貶官降職，重則下牢殺身，家破人亡。如清代的文字獄，便是一例。因此詩的題材範圍退縮。在科舉考試中，僅僅歌功頌德的風雅頌三義和賦的正面詩可以入選。大眾關心的詩常隱藏在言情寄興，個人生活的小圈子裏。因此言情寄興的詩成爲詩經以後詩的主幹。吟詠民生艱苦的詩反而退讓，成爲稀世之珍。

在民主制度下的今天，人權高升，皇權逐漸消失。詩應當還我面目，談談大眾切身問題、未來子孫的幸福和世界貧富國家的和諧合作等等。詩人應當運用詩的六義寫現代的詩。批評政府政策的是非和遠視未來的問題，讓廣大讀者知曉。

詩在初創時只用在抒情，敘事，歌頌和寫景幾方面。後來社會複雜了。寫詩的技巧手法也多了。便有暗示，影射，譏諷，空靈各種型式的詩出現。這樣詩便成爲一種獨特的文學。很多散文寫不出或不易表達的事物，卻可以用詩表達。例如佛偈便是一例。

廿世紀是一個飛躍進步的世紀。人類由飛行天空，而登陸月球；由手工業轉變到團隊合作的跨國大公司。其他科技醫藥方面的發展，也一日千里。新奇的事物，差不多每天都有出現，像蝴蝶一般地在我們眼前飛繞。這些都是有心詩人寫詩的豐富題材。而現代的廿一世紀，則將是進展快速，問題最多的世紀。科技醫藥方面，將繼承上世紀，加速發展。空氣和水的污染，使人百病叢生。貧富差距加大和爭奪資源，會導致人類相互敵視和戰爭。海水上升和溫室效應，將使得未來糧食生產不足。世界經濟的危機。中東耶回兩教的互不相讓，可能會引起原子大戰和世界末日的來臨。這一列驚心動魄的大事，長篇大論的新聞報導，將不如簡短的詩句，引起一般上班族和忙人讀者的注意、談論和共識。希望大衆詩人同心努力，用敏感的筆觸和豐富的想像，將現代的題材，寫出現代的詩來振醒癡聾，來振醒癡聾。

三、詩的音韻面

烏托邦

烏托邦中日月昭　詩人寄興意逍遙
煙霞物外低吟詠　步轉歌迴疊疊潮

詩是平息心靈激動的妙藥。讀者在吟詩時，會自得其樂，忘記了煩惱和苦悶。這是得力於詩的音韻和諧，意境優美，將讀者帶到詩人烏託邦的奇妙境界，沈醉在鳥語花香的旋律中。詩的音韻面可以說是詩人與讀者之間的直達車。讀者可以不須要完全了解詩意而能了解詩人詩中的心意。

中國文字是象形文字與西方的拼音文字不同。中國文字，一字一音，同音的字很多。拼音文字只有幾十個子音和少數的母音。不像中國文字複雜到一百零六個韻部和三四千個常用的字。中國詩講究四聲，是高音和低音，用自然的頻率來區分的。遠比英文詩的輕重音用音量的高低加重語氣來得平和，而且兼有希臘詩中長短律或短長律的音節。因此在音韻方面，中國近體詩似乎要比西洋詩優越一些。詩人吟詩時，聲韻的抑揚頓挫是自然明顯。吟者常會有身臨其境，飄飄欲仙，腦海中不知不覺地追隨詩的步伐進行的感覺。

一般說來，在近體詩句中，四個平聲字或仄聲字不能連在一起用。近體詩大致要依照平仄聲的規律寫作，但作者覺得找不到適合聲調的字或一定要用某一破格的字，稱爲拗字。另有通融補救的辦法。

四、詩的意識面

詩　意

詩意本玲瓏　天邊瑞氣融
青山重疊遠　電閃晚霞紅

詩意入吾心

詩意入吾心　深思細細吟
經秋消失盡　春發不須尋

詩的意境是仙境，是和平之境，是意想不到之境，也是人類追求的純美之境。所謂意識，最簡單的解釋，便是由詩人的多層次的想像力和創意力所造成的圖畫，出現在腦中，有如放映電影時連續的畫面，藉助詩的示意，傳達到讀者的心中。當讀者接受到作者的意識傳達後，由於每人的背景不同，常會產生稍稍不同的讀者意識。古人所說的境界，神韻，靈感，氣質，心意，大概都是屬於這一類。外國的童話和中國的俏皮話中，便有類似的意識面。研究詩的文籍很多。但涉及到詩的意識面的著作並不很多。大概因爲意識是一種心理狀態，難於描述。

詩的意識面中的靈感有說不出的奇效。很多詩人都有靈感。這也許是心理上所謂第六感。詩人往往觸景生情，即席吟詩。如李白的三首「清平調」，是在醉後半醒的時候所作，便是一例。

五、詩的藝術面

藝術無止境

精益求精藝益精　意中無意意分明　詩詞書畫成三絕　樂府新腔發五聲
水月鏡花隨興筆　片言隻字有心更　穹蒼縹緲高峰遠　舞影翩翩脈脈情

中國詩是由歷代文人，隱士，僧道，帝王，名人，其中包括偉大傑出的政治家，軍事家，和大衆平民所創造的文藝結晶。中國詩經過三千年來的變遷和改進，由民謠進步到騷體，四言，五言，七言古體詩，然後再發展成依照格律詩譜的近體詩，差不多已經達到藝術的高峰。但是詩人是永遠不能滿足自已的產品，精益求精。不爲名利，只求藝術的昇華，總是覺得有一座的最高峰要去攀登。

詩的文藝性是多面的，不像一般文章的平鋪直敘，文以載道。詩不宜用在解釋義理，判斷是非，逐條分析的硬性文學。從正面上說，歌功頌德的交際詩，往往是帶點誇張的，阿諛的，和讚美的產品。至於宣洩情感的負面詩，則常常是否定的，懷疑的，糢糊的，這樣才造成一種纏綿的，複雜的氣氛，讓讀者常常留記在心上，隨時去猜想摸索，而不是過眼雲煙。這與現在的小品文的路線有些相近。

近體詩好比是雍容華貴，儀態萬千的美女。有時幽靜樸素，有時歌聲婉轉，有時翩翩起舞，有時香霧迷漫，向你微笑招手，使你的心共鳴感動，要你去揭開她神祕的面紗。總之，歷代詩人在近體詩上，費盡了心血，力求在文句和辭藻方面的多樣變化，用最經濟簡短的筆墨，描寫出繁複的事物。

據王力教授的研究，五言近體詩的句式，總計至少有九十五個大類，二百零三個小類，三百四十個大目，四百個細目。（詳見王力教授著漢語詩律學二三三頁）七言近體詩的句式，應當還會多些。

六、詩的讀者面

讀詩樂二首

（一）意與心聲合　多情似我真
陰陽昏曉割　音渺遠無垠

（二）撲朔迷離讀舊辭　忘機頓解喜難支
高歌樂府開心竅　低詠吟篇快朵頤
縹渺雲凝橫嶺雪　婆娑風舞綠楊絲
多情常擁青山伴　失意時時細嚼詩（註一）

註一：嚼，吟賞也。

中國詩起源於民謠，初時一人開始，其後多人和唱並改進。所以古時的詩可以說是屬於大眾的，很多人有相同的認識和喜愛。一般說來，詩出於口語，經過文學的昇華，濃縮，結晶後成為詩篇。詩的優劣，應由讀者的多寡和欣賞的程度來決定。但時代的變遷和風氣的轉移，對詩的評價，也有很大的影響。當讀者看完一首詩後，首先會產生意識感覺，而且不須要費力，便可長久記牢，這就是好詩的功效。很多長篇好詩，因爲篇幅長，往往不能全數記得，但其中佳句或警句，卻可經久不忘。

現在中國文盲是幾乎沒有了。讀者的文化水平是大大超過以往。另一方面，因爲工作繁忙緊張，消閒讀書的時間少了。因此現代的詩，一定要能迎合讀者的口味，才能流傳推廣。

俗語說，「文章是自己的好。」一般人作詩，也許有這樣的想法，那就難有進步，很難得到讀者的欣賞。譬如說李白的一首靜夜思，既無典故，也沒有深奧的詩意，只有生動的鄉情，但卻是千古名詩。讀者讀過後便彷彿是自己的心聲和自己的詩句。這不是一般詩人能做得到的。

七、詩的六種面總結

詩歌

詩聲眾意藏　入耳動心揚
百事皆吟唱　風情據一方

舊詩吟

詩從藝理宣文墨　情景交融韻味長
苦辣酸甜留筆記　住行衣食敘家常
千年史跡江山闊　百尺柔絲翠色芳
代有騷人增比興　賦風雅頌義難忘

綜上所言，一首詩篇：（一）要有意境。（二）在聲韻上要調和順口。（三）在寫作上要有情有景，寄情寫景，寓情於景。（四）詩中各句，要首尾聯繫，完整無缺。每一句，每一字都要用得確當。（五）詩是最經濟含蓄的文學，能縮短處便縮短，能省略的字便省略。切忌重複冗長。（六）詩要變化多端。但要在平淡中顯得特出。要在通俗中顯出高妙。詩意可以深藏不露，要讓讀者去捉摸。詩句則不宜千篇一律，最好能表現動靜，陰陽，虛實，五味，五覺和立體感等等。（七）要得到讀者的喜愛。（八）詩的題材要新穎。

總之，詩是詩人的心聲，是詩人的生活經歷，個人情趣和雜感，通過詩人的靈感，用藝術化的筆調寫出來的。詩是含蓄的，簡略的，謙和的，講求意境的文學。

讀詩有感

大道常循小道開　前人闢地後人栽
鄰家美好鄰家樂　故土荒蕪故土災
借鏡他鄉增我智　取經印度釋尊才
用心努力爭先進　媚外崇洋事可哀

中國詩中的好多優點，是外國詩中可望而不可及的。現代中國詩人，爲擴大視野，相互觀摩，借鑒摘取外國詩的菁華帶到中國詩中，這樣才能達到真善美的要求。而不是捨棄中國舊詩，用外國式的新詩來代替。這彷彿是稀釋硫酸。濃的硫酸，要一滴一滴地加入水中，而不是將水傾入到硫酸中。中國詩學如汪洋大海，卷冊繁多。沒有人能讀過全部歷代所有詩人留下的詩篇。現代的中國詩人們應將西洋詩中的菁華酸素，引進到中國詩的海域中。而不是讓中國詩的海域枯涸，只剩下由外面風暴飄來的幾陣酸雨。

上面說的詩的六種面，因爲時代的變遷，環境的改變，和讀者的興趣，彼此盈虛消長。例如唐初的樂府詩，注重音韻面。所以能譜成樂曲，盛唐以後，詩人們因爲生活面變動，詩的題材擴大，從風花雪月一類的抒情詩和感懷詩，轉向到時事和生民艱苦的記事詩。多在意識面和藝術面上用功夫。詩的素質是進步了。但往往不是一般平民所能接受。加上意境和內容，前人已經寫過的，後人也無意抄襲。有的詩人想借復古以求創新，但忽略了時代不同的因素，很少有進展。因此讀者們便逐漸被能唱的詞兒所吸引了。到了元代，詞也遭遇到類似的情形。讀者們又轉向於曲了。

第四章　詩的功效

一、吟詩樂

吟詩樂

調和平仄析陰陽　淺詠低吟酌短長
錦繡肝腸儲雅興　心弦默默省宮商

近體詩的節奏，是以兩字爲一節，最後面的字自成一節。平聲字讀起來比仄聲字音長。但平聲是聲音頻率低的低音，沒有仄聲聲音頻率那樣的高亢短促。近體詩句是平仄相間，也就是高低音相間，而不是音量強弱的相間。吟詩者控制著音量，一節一節地吟哦下去，句末停頓一下，便自然產生抑揚高下的詩聲效果。舊時私塾中的教師，常要小學生背誦吟詠。當時學童年歲小，也許不懂詩的意義。但成長後，幼時所讀的詩，會常常在腦海中盤旋，時隱時現，經久不忘。古人讀詩是發出聲音朗誦去吟詩。這和現代人看詩不同。看詩是走馬看花，印象較淺。吟詩有如基督教聚會的唱詩，詩句往往重唱好幾次，目的是在加強記憶。吟詩有吟詩的腔調，是一個字或二個字慢慢地吟。古人吟詩，一首詩往往要重複吟哦很多次。除了增強記憶外，還要領略音韻上的調和，欣賞詩意中的趣味。所以古人說：「熟讀唐詩三百首，不會吟來也會吟。」可惜的是現在很少有人吟詩了。

二、如何領略詩中的震撼力量

詩潮

洶湧而來無抵擋　匆匆握管漸成行
文思起伏難描述　聲韻高低定否臧（註一）
偶爾觸機更一字　時常計畫竟全章
為舒心境平潮汐　每日吟詩總是忙

註一：否臧，善惡優劣也。

讀者在熟讀一首喜歡的詩以後，有時能得到心靈上的默契和直覺上的交往。詩常會有一種震撼的力量，在讀者的心靈上產生回聲或餘音。所謂回聲，是讀者對讀過作者的詩後，心中所產生的同意快感。餘音便是讀過這首詩後所產生的連續回想。回聲或餘音有時會使讀者引起輕鬆或興奮作用，產生靈感。或者是深入潛意識中，一到時機，前塵如影，詩句便會在腦海中出現。古時詩友們時常借韻和詩，或者是相互酬送，大概便是由於這種快感的啓發和催促。

詩句天成妙

詩句天成妙　時時偶得之
說來人不信　只有我心知

三、詩與靈感

靈感（**仿香山花非花意境**）

霧裏看花花不語　花叢有霧影糢糊
天明霧散花叢失　春夢茫茫有似無

科學除迷信

科學除迷信　非由我獨尊
半瓶崇近利　古事不知存

大多數的詩人是由靈感的催促寫詩。而靈感是一種不可捉摸的意識。因此詩也是千變萬化，觸類旁通，在短短的詩的規律中滾騰翻動。有如孫行者在太上老君的鍊丹爐中燻陶野性時的行動差不了多少。

一般文人的寫作，工程師的設計和科學家的發明，常常需要靈感。過去人們往往把靈感與鬼神聯在一起，認爲是騙人的迷信。科學破除迷信。但人們也不應迷信科學。世界上科學不能解釋的事物很多。凡是科學不能解釋而世人迷信的東西，科學家正千方百計去尋求解釋，而不是輕描淡寫地說一句迷信便解決了。詩人常有靈感。在漢語大詞典中靈感的解釋是：「在文藝，科技活動中，由于勤奮學習，努力實踐，不斷積累經驗和學識而突然產生的創作沖動或創造能力。」　很多詩人，往往靈感一到，詩句馬上出來，好像是自然而來一樣。這種現象，可能是在詩人的資料文庫中，因爲經常收集資料，放在心頭，早就有了儲藏。等待時機一到，便順口說出而已。靈感最活躍的時間，通常是在清晨或酒後半睡半醒的時候，而且很快便會消失記不起了。如白居易的花非花，可能指的是靈感。另有所謂詩魔，大概也和靈感有關。現代人因為工作繁忙，空閑的時候很少，讀詩是最經濟的消遣方法。加之業務上的壓力大，常常需要靈感突破瓶頸。讀詩有時會產生靈感，對高科技的開發和專家們的研究，可能會有幫助。

靈感常由靜中產生。如儒家的靜坐，釋家的入定和道家的吐納都是培養靈感的好方法。一般人忙中取靜，常常在工作輕鬆下來後，要遊山玩水，調劑身心。這也能有助于靈感的產生。科學家牛頓，看到蘋果落地，便想通了萬有引力，釋迦在菩提樹下坐了四十九日後得道等等，可能都是受到靈感的啓發。

日本劍術名家宮本武藏在歸隱後，將他的劍術策略，寫了五本書，地，水，火，風，空。其中「空」書最短，也最引人入勝。簡易的意譯如下：「空則專，專則靈，靈通神，神生慧，慧生全知，全知生效果。」要做到腦內空空，然後才能心胸開朗，忘記一切，思想才會專注。專注才會產生靈感。

寫詩的捷徑是要時常吟詩，這是少不了的基本訓練。更要多讀書，以增加學識。時常遊山玩水，領略大自然的幽情。寫詩最好先從寫景詩開始。等到寫了幾十首風景詩後，便會懂得如何調和音韻和選用字句。然後再行集中意志和收集你所要寫的詩的相關材料，存在心中。靜待靈感來到，然後便可以事半功倍地專心寫你想寫的詩了。

第五章　中國近體詩

一、中國近體詩的特色

工商業標準化

工商進步依規律　好比行星繞日行
編號衣鞋工廠製　鑄模軟件視窗生
汽車產線施裝配　零件他鄉照樣成
省事節時謀準則　微分疊積可權衡

詠代數

便利人群公式化　經年代數創新思
多元等式單元始　聯立方程解未知

這裡所講的近體詩，是指唐代形成的律詩和絕句等的詩體而言。它的字數、句數、對仗、聲律都有一定的規則，又可稱爲今體詩。它與古體詩不同。古體詩形成於漢、魏，句式有三言、四言、五言、七言等多種，不太講求平仄、對仗，且用韻較爲自由，可以通韻或轉韻，也簡稱古風。

近體詩大成於唐代。聲韻和句法有一定的規則。這些規則，很像現代工商業趨向的標準化制度。也有些像數學裡的公式。說得確切一些，規則好像是荒野裏開闢出來的道路。只要照著路線走去，可以省時省力早到目的地，不需要亂摸亂撞。數學裡如果沒有公式，便不會有現在這樣的進展，還是停留在算術的階段。一個國家，如果沒有法規，便不成爲國家。就拿先進的民主國家來說，也要靠簡短的憲法來約束國民，使得人人守法。現代的科技進步，皆是由最初的發明和發現，歸納成定理或假設，用公式來表達，才能推廣到大眾化。譬如電腦，早在廿世紀五十年代，美國各大學各大公司便已風行。但是軟件還是各有各的專門人材寫作。一直等到八十年代，比爾蓋茨（Bill Gates）和鮑爾愛倫（Paul Allen）創辦了微軟公司，推出視窗，將軟件規律化後，使得普通一般人皆可使用電腦。因此個人電腦才發達起來。而比爾蓋茨也連續穩居世界首富多年。

詩中敘述的人物事故，常因字數的限制或者爲了引起讀者的興趣，用另一事物或典故代替。這種李代桃僵的手法，很像代數中係數的 a, b, c. ，可以代替任何已知數字。這種情形在近體詩中更加常見普通。舉例說，詩句中的人物可以用花鳥等等來代替。讀者可以體會得到，不需要解釋。一首詩的詩意常有幾種涵義或幾層境界。這很像代數中的未知數。要用多元方程式去尋求一樣。很多古人詩中的詩意沒有專指一件事或某種感情。讀者在某種情形下讀這首詩的時候，會意想到這首詩的詩意是這樣的。可是換了另一位讀者，他也許會覺得有不同的詩意。加上詩句可以將主詞省略，甚至沒有動詞和受詞，完全靠讀者的想像加進去。因此會有多種的答案，這又像代數中高次方程式中有很多根的情形相似。這一類的詩，詩人常用無題或用首句的全句或半句作詩題。

近體詩的格律是中國詩學上的大大進步。他使得唐代的詩趨向大眾化。量是增多了，質也進步了。八百年後，康熙時，編印「全唐詩」，尚收集有四萬八千首。其中大部分是近體詩。這是一筆何等豐富的文化遺產！

對初次作詩的人說來，格律常會約束得不能隨心所欲地寫詩。但寫出幾首以後，信心便會增加。然後應該再繼續努力，研究如何改善詩意和詩句。這時，他便會覺得近體詩的格律好像是一頂禮帽，不鬆不緊，而不是內有緊箍咒語孫行者戴的花帽。

由於近體詩的出現，唐代的詩人們互相標榜，互相觀摩，互相酬和，便產生了一大群的詩人。他們常常以詩作爲書信，彼此傳遞交往，互訴情懷。形成百家爭鳴，使得近體詩更加藝術化。而且詩的題材也因爲各人的愛好和風格，有了更進一步的擴大。這種趨勢一直維持到清末民初。以後的詩人們，爲了想標新立異，引進了新詩，用口語寫詩，不按照規則，也不很考慮到音韻。從此人人都可以成爲新詩人。新詩引誘力強。因此近體詩的作者們，便逐漸稀少。在現在一般人的腦中只知道唐詩。很少知道唐代以後的近體詩。至於寫作近體詩，今人常以爲是太高深或是難寫作，往往望而卻步，不敢嘗試。關於這一點，我有一個比喻，寫近體詩好像是吃巧克力糖。最初吃時有點苦，但吃慣了後，便覺得苦味比甜味更可口。

二、近體詩衰落的原因和挽救之道

詩病

無疾喜呻吟　病痊筆墨瘖（不能言也）
湯頭無意誦　扁鵲不崇欽
描射通腸臟　醫療用管針
西方新技術　甚少悅詩心

詩境無疆

詩人多保守　難得試新裳
科技推新異　星空測渺茫
工商臨颸暴　股市陷泥塘
溫室天威猛　污渠地力荒
貧窮終日苦　恐怖不時惶
災禍經常有　資源逐漸光

近體詩衰落的原因很多。一般說來，現在的上班族，工作壓力大，讀書的時間很少。而且時代進步。新的事物和感想都比過去複雜得多。古人詩中的舊題材，不適合現在的時代。因此一般人們寧願看電視和聽古典音樂，不願去讀不合潮流的詩篇。而且詩中典故多，現在的人常要化時間去查字典。加上近體詩講求平上去入四聲。平聲中又分陽平和陰平。仄聲中包括上去入三聲，所以共有五聲。現在各地方言不同，發音沒有標準。北京話和很多中原話中沒有入聲，而將入聲讀成平聲。這一點使得他們讀詩，寫詩，有些格格不順口。長江以南的語系雖沒有這個大問題，但是個別的單字，有時發音還是沒有標準。關於這一點，我個人的辨法，是多查字典，照辭源，辭海或者國語字典上的注音發音。如果再有困難，可以查詩韻集成或詩韻合璧，找看這個字是在那一韻部，然後便知道是什麼聲。

關於詩的寫作，因爲傳統的題材，已有前輩詩人寫過，現在詩人很難超過前人。如大詩人李白登黃鶴樓，因樓上已有崔顥的詩，他便不再寫了。又如李義山的幾首無題詩，差不多寫透了傷感之情。後人很難有寫情感的佳作超過他的這幾首無題詩的。

今人寫詩，因爲世界擴大，新題材天天在增加。過去的傳統題材和語句限不住現代詩人的寫作，尤其是現代科技發展，一日千里。詩人應當也要跟上趕上，多用現在的題材寫詩，這樣才可以迎合讀者的需求。這一點對學文學的詩人來說，也許有困難。但對學科技專門的學人來說，由於經常引用定理和代公式，只要有文學基礎，按照近體詩的格式押韻，渡過初次遵循規律的習慣和寫作上的困難，以後便漸漸入門，隨心所欲，寫他自己喜歡的詩了。還有，今人的辭彙越來越少。在翻閱辭典時，常常發現很多不認識的生字。我總是懷疑爲什麼古時的辭彙多，現在反而少了？猜想從漢代以後，中原和北方常在異族統治之下，不但語言中滲入胡音，而且順民生活艱苦，難得有幾十年太平的日子。於是文盲增多。很多古字，普通平民不會寫，但保留在各地的方言中，或用複合字的口語來代替。最近在寫詩時，找到一個「秈」字，這是一種早熟的稻。在童年時期，常聽到這個字。現在這字，很少人知道寫法，已由「早稻」這個複合字代替了。這一類的生字，非常普通，因此增加了現代人寫五言詩的困難。在這種情形下，我個人的主張用「秈」字而不用早稻。因為「秈」比早稻省寫一字。譬如在電腦術語中，美國人常用 PC 代替 Personal computer，為的便是省事省力。在這一點上，也許復古是好的。

三、近體詩的詩譜

詩律

大道紛紛直達車　荒郊荊棘亂如麻
翩翩華服衣衫好　何必孤行闢路遐

近體詩的規律

荒野茫茫棘滿山　前人開路好依攀
循途認轍行程易　小徑羊腸渡險關

詩路

絲路千條樹指標　左公植柳客逍遙
如今雖有機車載　還記當年馱馬囂

以往凡是稍有名望的文人，多能作詩。這當然是政府大力提倡所致。但中國近體詩的格律化，使得後代的人，有詩路法則可循。因此能文者常能詩。

近體詩有絕詩和律詩兩種。絕詩是短詩，只有四句。律詩是比較長的詩體。一般只有八句。但按照律詩的規則，可以四句四句地增加，這種詩體稱爲排律，是寫長篇詩的好體裁。如長篇史詩。

一般的近體詩多數用的是平聲韻。絕詩有用仄聲韻的。下面二頁列出的是二組平聲七律詩（仄起定式、平起定式）和二組仄聲七絕詩（仄起正格、平起正格）的平仄格式。平聲七絕詩四句的格式與七律詩的前後兩聯（每聯兩句）相同。平聲五律和五絕的格式是在七律或七絕詩譜中每句拿掉前面的二個字「平平」或「仄仄」即成。各句中有用韻的字，先要在辭源或辭海中查出這個字的韻部，然後再在詩韻合璧或詩韻集成中，找出其他同一韻部的字，用在適當用韻的地方。一首詩中的所有韻字，應當是屬於同一個韻部。仄韻因爲音調短促高昂，容易記得。尤其是押仄韻的五絕，上口後便不易忘記。如柳宗元的江雪和孟浩然的春曉，都是押仄聲韻的好詩。

在絕詩和律詩中，七言詩每句中的第一字，平仄可以互相通用。五言詩句中的第一字和七言詩句中的第三字，平仄也可互相通用但不能使詩句構成孤平。詳細的規則，將在後面孤平一節中討論。

一般來說，中國的成語、口語、歇後語等很多是四字一組。只要在適當的地位，加進一個字便成爲五言詩句，加進三個字便成爲七言詩句。

（一）平聲韻仄起定式（律詩）

仄仄平平平仄仄　平平仄仄仄平平（用韻）
（如要第一句用韻，則第一句換成仄仄平平仄仄平）
平平仄仄平平仄　仄仄平平仄仄平（用韻）
仄仄平平平仄仄　平平仄仄仄平平（用韻）
平平仄仄平平仄　仄仄平平仄仄平（用韻）

（二）平聲韻平起定式（律詩）

平平仄仄平平仄　仄仄平平仄仄平（用韻）

（如要第一句用韻，則第一句換成平平仄仄仄平平）

仄仄平平平仄仄　平平仄仄仄平平（用韻）

平平仄仄平平仄　仄仄平平仄仄平（用韻）

仄仄平平平仄仄　平平仄仄仄平平（用韻）

(三) 仄聲韻仄起正格（七絕第一句用韻，五絕第一句可以不用押韻，但要用仄聲字。）

x x 0 0 0 x x（用韻）　0 0 x x 0 0 x（用韻）

0 0 x x x 0 0　x x 0 0 0 x x（用韻）

(四) 仄聲韻平起正格（七絕第一句用韻，五絕第一句可以不用押韻，但要用仄聲字。）

0 0 x x 0 0 x（用韻）　x x 0 0 0 x x（用韻）

x x 0 0 x x 0　0 0 x x 0 0 x（用韻）

註：x 代表仄聲。0 代表平聲。

四、近體詩的避忌

中國詩中有所謂八病。在近體詩中常常談到的約有三種：

孤平上尾

孤平和上尾　古忌入詩章　補救增平字　經常換服裝

拗救孤平

獨木不成林　雙禽奏好音　孤平非妙句　拗救短長吟

孤平：這一種詩病，在古代科舉考試中，是一定要避免或補救的詩病。原因是在五言詩「平平仄仄平」的詩句中，如第一字平聲換了仄聲，那麼這一句中，除了韻腳的平聲字以外，只剩下第三字是孤獨的平聲。吟詩時好像不順口。七言詩中，「仄仄平平仄仄平」的詩句如第三字平聲換了仄聲，也是孤平。孤平是不合近體詩規則的拗句，但是可以補救。

孤平補救的方法，在五言「平平仄仄平」詩句中，第一字平聲換了仄聲，則將第三字應是仄聲字換成平聲，以補欠缺的平聲音。七言詩中，「仄仄平平仄仄平」的詩句中第三字平聲換了仄聲，則第五個字應由仄聲換成平聲作補救。

合掌應求變化

意識形容多種樣　翻新出語變常粧
倒顛互換成佳句　彩色紋層瑪瑙光

合掌：這是指在前後詩句中，用字雖然不同，但意義，造句的結構或對仗的方式相同的詩。

上尾纏足

七寸金蓮天足好　自由行動步逍遙
羅綾裹足纏三尺　博得君王帶笑招

上尾：本來是沈約等人所說的詩中八病之一，是指五言詩中，第五字不可與第十字同聲（連韻者可不論）。後人又引用到近體詩每句中及出句中的仄聲字組要上去入三聲均有，加上對句中的平聲韻腳，形成所謂四聲遞用的規則。也就是說每一句詩句中，用仄聲的字，應當分爲上去入三聲遞用，不能全部用上去入中的某一聲或二聲。另外在八句的律詩及四句的絕詩中，出句句尾的仄聲字也要採用四聲遞用的規則。違者稱爲犯了上尾。

上述的三種詩病中，合拿似應避免。因爲詩篇應力求簡練，而在重要的意境面和藝術面上應變化多端，不宜重複使用。即使需要重複，也應當用不同的意趣或不同的寫作技巧去表達，而不是馬馬虎虎地抄錄前面的字句或用相同的寫作手法。孤平因有補救的方法，容易避免。至於上尾，則應當是不成問題的問題，無須重視。原因有四：（一）近體詩著重在平聲。押仄聲韻的詩，只佔少數。仄聲的用途，主要是在區分吟詩時的節奏，不與平聲同調而已。這是符合中國哲學中陰陽原理的。因此在近體詩格律初創時，集合分開的上去入三聲，共稱仄聲。而不加以分別。有人不明暸這樣的理由，以爲將仄聲分爲三聲，會增加詩的音韻調和。但忽略了詩句的優劣，是在於字義的運用恰當與否。有時兩個同聲的連繫詞是不可分割的。例如五言詩句中，常有同聲疊字。除非避用仄聲疊字，便不可能四聲遞用。王力教授說得好，一句詩句中，要四聲遞用，是可遇而不可求的。至於單數句尾的仄聲字，因爲中間隔了一句雙句押韻的詩句，對於前後單句是否是同聲的仄聲字，在聲韻上，已經不很重要。（二）原先近體詩的格律中，仄聲包括了上入去三聲，平聲包括了陽平和陰平。爲何放棄了平聲中的二種而專門注意在仄聲中的三種字音的遞用。這是不合道理的。因此所謂四聲遞用，不能成爲近體詩的規律。（三）現代黃河流域的很多地區，沒有入聲。北京話則將入聲讀成平聲。長江流域以南的語言中，雖有四聲，但各地讀音並不一致。（四）合乎四聲遞用的詩，並不一定是讀者們欣賞的詩。反之，不合乎四聲遞用的詩，也不一定是讀者們棄而不吟的詩。

因此，四聲遞用，好像是纏足的裹腳布，使得詩人足痛，難寫好詩。而一般的讀者們也沒有欣賞三寸金蓮的特別好感。我私人的建議，現在的詩人，應將這一塊古舊的裹腳布扔掉。

五、中國近體詩的前途

中國近體詩

繁花似錦經霜盡　劫後重逢遠道來
誰說沉痾將不起　春梅也在雪中開

在廿世紀中，由於科技的發展，一日千里。從事古代文人所賤視的巫醫樂師百工職業的人數，遠比現在學文學的人數要多得多。而且他們這些人中，很多人曾接受過高等教育，經濟情形和工作出路都比一般人好。通常不會比學文科的人低。只是工作上的壓力大，經常在緊張中過日子。他們須要文學上的調劑和精神上的消遣。據我個人的看法，中國近體詩只要稍稍改頭換面，應當可以充當這種調劑精神和消遣的角色。

中國的近體詩應有一片光明的前景。詩對高級的知識份子來說，好像是多年不見的老朋友；對生病和受痛苦的人來說，又好像是遠方來的親人；對一般喜歡文學的退休銀髮族和家庭主婦來說，卻好像是附近的鄰人。問題是現代人只能讀到多年不見的唐詩，和從遠方來的或者是近鄰的新詩。而少有機會讀到適合現在題材和現代口味的真正中國式的詩。記得我們這批從中國來到美國大學的研究生。往往在課餘之暇，讀中國武俠小說來消遣，來解悶。因此金庸和古龍寫的武俠小說曾在大學園區中風行一時。

讀詩化的時間少，解悶和啓發靈感的功效大，是學科技的知識份子，復健中的病人和一般喜歡文學的大眾，所最適合的書籍。將來一定會大行其道。

第六章　寫作近體詩的方法

一、如何寫詩

如何寫詩

起承轉合明條理　一氣呵成寫短章
層次分清青嶂立　連綿不斷遠岡長
辭無重複多真趣　詩不拘泥可異常
成語俏皮含雅意　童謠俚諺吐芬芳
浪仙衝尹推敲定（註一）太白清平醉態狂（註二）
情景交融靈與體　心凝形釋索枯腸

註一：賈島，字浪仙。推敲，請閱本章第三節。
註二：李白清平調三章，係宿酲未解時作。

現在還有很多人喜歡讀唐詩，爲的是消愁解悶和欣賞詩中典雅的辭藻和悅耳的音韻；心中雖然有寫詩的奢望，但總覺得如想爬喜馬拉亞山峰一樣，沒有勇氣去嘗試。舊時的文言著重華麗的詞藻。但口語中的「的」、「那」、「嗎」、「呀」等字，也可入詩。典故最好少用，免去讀者查字典的麻煩。我個人的看法，爲了貫通今古，全國各地的人皆容易懂，詩句應大量採用成語，俗語，和俏皮話。因爲這一類的常用語，使用了多年，不但通俗順口，而且意義含蓄，語句也與詩句接近。因此在我的詩中，便大量用這一類的語句，少用典故，使讀者發生興趣讀下去。

初次作詩的人只要按照規則，看看詩材的多寡，決定寫四句的絕句或者是八句的律詩。先試五言詩，如果平仄不能合式，再試用七言詩。或者是先試用平起的詩式，如不能成功的話，便再試倒裝法用仄起的詩式。這樣一首詩的骨架便已經搭好了。然後再順著詩意，通盤籌劃，仔細推敲。作詩如同作文一樣，也要講求起承轉合，條理通順，一氣呵成。因爲前人在文章中很少用倒裝句法。一般人看到倒裝句，總以爲是從外國文章中引進的。其實中國詩中，倒裝句很普遍。最著名的是杜甫的秋興八首中的兩句：「**香稻啄餘鸚鵡粒，碧梧棲老鳳凰枝**。」我不知道外國詩中，有沒有這樣的句法。中國近體詩中的律詩和排律，前面的首尾四句，可以不對。中間的詩句，成雙的詩句通常與接在前面成單的詩句相對，但也有例外。

在一首詩中因爲對稱句子的運用，可以引進不同的事物。這種格式，與現代電影中的調換鏡頭，倒有異曲同工之妙。

一般說來，初次作詩，往往先從絕詩著手。但絕詩是易寫難精。因爲要在四句中，寫完主題所要說的話，很是爲難。因此要注重涵蓄。一個字可能有幾種涵義。初作詩的人，很不容易做到。律詩因爲必須對仗，常人也視爲畏途。根據王力著漢語詩律學近體詩的對仗所載：「在詩句裡，只有名詞和動詞兩種爲主要的成分。尤其名詞必須和名詞相對；形容詞有時可認爲與動詞同類，相爲對仗。」這一點與英語中動詞變化後的現在分詞和過去分詞作形容詞用的文法，可說是殊途同歸。

在八句的律詩中，原則上第三句要與第四句相對，第五句要與第六句相對。但在變例中，第三句和第四句也有不相對的，只有第五句和第六句必須相對。至於押韻，四句的絕詩，可以少到第二句和第四句的句末須要押韻。因此如決定了第一句和第二句後，可以到第二句韻腳的韻部中再找一個同韻的字用在第四句的句末作爲韻腳即成。律詩因有八句，最少要有四個同韻的韻腳，對初學者來說，比較困難。只有慢慢嘗試練習，才能寫成。

一首詩寫好後，一定要多讀幾次。改正聲韻不妥的字句。如會吟詩則用朗誦來聽聽音效是否鏗鏘，用字是否妥切？能不能改得更好。

二、寫詩與寫文章不同的地方

寫詩與寫文章不同。寫文章可以長篇大論。寫詩則以簡潔著稱。詩爲什麼要短？爲的是好讓讀者容易記住。古時沒有紙和筆。要抄錄一篇文章是很難的。古代的經史，皆是很經濟地運用辭句。而且很多是用韻文寫的。因此詩經上的詩，每句通常是四言，並且押古韻。後來筆和紙發明了，詩句才逐漸加長。

作文必須講求文法。否則讀者會誤解作者的原意。寫詩便可以自由得多。中國詩和西洋詩，都可以不講文法。西洋詩中有所謂 Poetic license，便是說詩不受文法的限制。因爲詩是一種最經濟涵蓄的文章。詩中主要的主詞，受詞和動詞都可以省略。加上在中國文字中，動詞，名詞和形容詞可以是同一個字，而一字又可能有幾種解釋，用在短短的詩句中，更能增加含蓄性。因此詩句與文句的解釋往往不同，只要作者的詩意能夠從詩句中表達便成。曾如大詩人陶潛在五柳先生傳中所說：「好讀書，不求甚解。」，便是這種情形。

詩雖然不受文法的限制，但詩也應有詩法，這種詩法是一般人所公認的。詩人便靠詩法傳意和推廣。否則別人不能領會，這首詩便失去意義。近體詩的規律，便是詩法的一種。

詩可以顛倒臆說，幽明暗淡，黑白難分，吹噓頌揚，涵意難解。但要點是全篇應如行雲流水，首尾相應，自然生動，清鮮活潑，躍出紙上。要做到這種程度，詩人在寫好一首詩後，必須認真地尋找詩中的缺點，一點不能馬虎。然後再請好友指正，或者放在抽屜中儲藏一段時間，再取出逐句逐字的推敲。天才不是人人有的。大多數的詩人都是靠虛心學習，勤勉思考，才會有一些成就的。

詩既可以不講文法，又可以用典故和比喻作替身。因此不同的讀者，會有不同的領會，而產生種種不同的意境。詩中辭句可以顛倒，但最好不要重複。有時爲了引起讀者們的興趣和加強詩的美感，詩人常用不同的辭句重複地描寫詩意，或用典故，引用整個故事的情節來襯托。再者文章沒有篇幅的限制，可以寫得很長。詩句雖然可長可短，但因爲經過濃縮，字句有限制，不能太長。在特殊情況下，如長篇史詩，則不在此限。

寫近體詩因爲受到格律的限制，每一首詩有一定的句數。每句中的字數，也有限制，不能隨意增減。詩中的每個字都要仔細推敲，既要顧慮到詩意的確切，又要考慮到聲韻的和諧，因此藝術性很高。寫詩要有天趣，要有情有景。情是主觀的，是由詩人心中所產生的情緒趣味。所謂情，是人情，感慨，趣味和要說的話，不僅是兒女之情。詩人往往用二面手法，正面是寫景寫實，暗中卻另有情藏。一般說來，情往往是深藏不露，融入在景物中，有時只有一兩個字露出端倪。所謂觸景生情，情景交融。再加上讀者的聯想和他的理解及讀時的心情，可能又有讀者自己的解釋，和自己的領悟。這一點與論文不同，但與小品文有些近似。景是客觀的。景是景致，景象和事實。包括所見所聞，所知所覺，有動有靜，也不僅是風景。

寫詩最好是多多在客觀的景物上，用柔性的功夫來表達你的情感。不宜如長江大河，主觀地寫出或發表你的宏論。

寫論文必須有題目。文中的內容，必須切題。否則便會有人說你文不對題。寫詩則很少有人說詩不對題。因爲詩意往往是不定的，隨讀者與作者的心情而定。詩題可以簡單地用無題作詩題。

廣東新會詞人陳洵，字述叔，在海綃說詞中，嘗謂：「鎔人事入風景，則實處皆空；鎔風景入人事，則空處皆實。」又言：「置身空際，大起大落，獨來獨往，真摯勢中有雄傑意態。」在我個人的見解，則是：「情可以比成靈魂；景好像是肉體。」兩者斷然無法分開。好詩總是活潑有生氣，而不是死板板的或木痲痲的敘述。這是因爲詩人將情感寄託在詩句中，所以才會活潑有生氣。又如中國和外國的寫景詩。看起來只是寫景，但真正的詩意卻要讀者自己去捉摸。這種寓情於景，因景生情，情景交融的詩意。讀者只有多多吟詠才會心領神會，觸類旁通，產生打開心扉的力量，引起共鳴，甚至可能引起自發的靈感。中國的近體詩，一般只有四句或八句。因爲字很少，所以在前後句中，用詞和用字皆不宜重複。但有時必須重複。因爲重複可以增強語氣，爲人所喜。

詩人是常會誇張的，可以言過其實。如李白在秋浦歌中所寫的「白髮三千丈」。人的頭髮那有三千丈長。如果用在文章裡，一定有人質問。但誇張不可違背事實。你可以說月亮像弓，像蛾眉，但不能說月亮是方的。

三、如何改進詩的藝術性和尋求真善美的境界

鍊詩

鍊詩如鑄劍　礦鐵炭爐投　百鍊增純質　千錘去雜浮
短長隨匠意　伸屈繞腰柔　精氣盈秋水　靈芒動不休

靈感雖能幫助詩人寫詩，但靈感不一定能使得每一首詩、每一個字都是寫得完全美滿的。因此寫好詩後，往往要經過一段時期的思考修改，去掉詩句中的稜角，和消除詩中的煙火氣，然後這首詩才能算是成熟。詩人們對自已作的詩，總是覺得有些字句，不夠完美，經常想尋找更美好的字句。唐代大詩人賈島，便是這樣。隋唐嘉話謂：賈島初赴京師，一日于

馬上得句云：「鳥宿池邊樹，僧敲月下門，」初欲作推字，練之未定，不覺衝尹。時韓吏部（韓愈）權京尹，左右擁至前，島具告所以，韓立馬良久，曰，作敲字佳矣，後世稱斟酌字句及凡言研求稱推敲。此詩詩題爲，題李凝幽居：「閑居少鄰并，草徑入荒原。鳥宿池邊樹，僧敲月下門，過橋分野色，移石動雲根。暫去還來此，幽期不負言。」賈島的這首詩中，推字有動作，但沒有敲字既有動作，又有聲音的雙重意境，顯出月下驚擾幽居的環境來得好。

又如李清照重陽醉花陰後闋中，有兩句名句：「簾卷西風，人比黃花瘦。」一般人多以爲「簾卷西風」是西風卷簾的倒裝句。而不知詞人寫的是真實情景。

一般中國舊宅的房屋，都是南向的。房前掛的簾子與西風進行的方向平行。西風吹過，掛簾向外開卷，因此她看到東籬的菊花。這種情形，是因爲西風吹過時，簾子外面的氣壓低，房子裡面的氣壓高，將簾子向外推出，與飛機升空的原理相同。凡是學過流體力學的學生，都會知道的。因此讀詩時應當深深體會作者的原意，不能附和人云亦云的解釋。

簾捲西風正解二首

（一）風吹生吸力　機翼賴升空　清照窺簾卷　黃花歎瘦躬

（二）屋外西風急速來　堂前簾動卷風開　常人不解詞人見　誤釋倒裝佳句哉

本人在另一首華盛頓湖詩中有一句「花香鳥語餐春色」的普通寫景，便有聲音色彩和氣味的三重境界。後來我又將「花香」和「餐春」四字顛倒，該句變成「餐春鳥語花香色」。這一首詩，花了我四個多月的時間才算定稿。

華盛頓湖（一）

山含翠影連天碧　水漾鱗光一片金　八道三行穿六洞　雙橋五座距千尋（二）
餐春鳥語花香色　鬧海舟喧夏慶音　墨瑟秋蟲悲觸緒　西華冬蟄泳波心

註解：（一）華盛頓湖上有二組浮橋，爲溝通東西之要道。南橋由三座浮橋所組成，上有八條大道，穿過六孔山洞，經墨瑟島往東。北橋則有二座浮橋。夏季海洋節，湖上有噴氣艇競賽。西華半島公園旁，嚴冬有北歐移民集合游泳。（二）尋，八尺爲尋。

四、如何使得詩句既能通俗又有雅意

成語俚諺

成語流行廣　多人笑口傳　千般涵意達　幾字照心宣

俚諺才思富　諧音事異牽　辭從通俗起　聲韻自然聯

一石兩鳥與一箭雙鵰

兩鳥依依一石中　雙鵰一箭義相通　中西辭彙形容異　一馬雙鞍本不同

詩是一種幽雅含蓄的文學。詩句應當要力求古色古香，但又要能普及大眾，婦孺皆懂。這種今古相同的辭彙，可以在成語，俗語或俏皮話裏找到。因此現代人寫作古詩，應該多用這一類的辭彙，少用典故。因為這種通俗的辭彙，通常總是順口的。而且平仄聲的排列也常常與近體詩詩句相近。舉例說：中國成語中的一箭雙鵰，是仄仄平平，符合一般近體詩句的規格。如用同樣意義從西洋翻譯過來的一石兩鳥，四個字全是仄聲。便不順口。至於典故，是既簡潔，又高雅。缺點是很多人不懂時，要查字典。但在現代交際，迎送，和喜慶悼亡的詩文中，中國人還是喜用近體詩和帶有典故。新詩仍然不能代替舊的近體詩。

汪辟疆論近代詩派引張之洞云詩：「詩之上乘，雄渾超妙為善」及「有理有情有事，三者具備，乃能有味，詩至有味，方為極品。」又「作詩必學有餘於詩之外，方為真詩，惜乎今之詩不能知也。」

五、吸取古人詩中的意境和詩句

詩人們往往借用其他詩人詩中的字句，用到自已的詩中。或者是在酬唱詩或唱和詩中，要用前詩相同的韻腳。在集句詩中，每句皆是從前人不同的詩中抄來。可以是同一詩人的詩句，也可能是幾位不同詩人的詩句。至於改頭換面，將五言詩句加進二字變成七言詩句，或是將七言句縮短成五言句，和前句用在後句，或後句移到前句。絕沒有人譏笑你，說你拾別人的牙慧。至於古詩中的意境，你可以在適當的時機運用到你的詩中。今人所詠的詩題詩句雖然與古人的詩題詩句有些不同。但是仍有很多相似的地方，供你選用。譬如說，水滸和紅樓夢中的人物描寫，現代詩人寫到人情時，辭句和意趣便大可借鏡的。這些會在第七章第四節「借句和仿意」中將有更詳細的討論。

第七章　寫自己的詩

一、寫自己的詩

寫自己的詩

紛紜世事吾心動　靈感來臨促我思
千紫萬紅花蕾放　新交舊識友情滋
文章豈是邀聞達　意念宜書付四知
吟罷神遊仙境美　桃源極樂兩無羈

詩　情

時人多感慨　境界應時生
苦辣甜酸味　悲歡懼怒情
形之於筆墨　音也似簧笙
天趣留真意　心聲率性誠

詩花

多少胸中欣鬱事　悠悠躍出我心房
千辭萬語無閒寫　八句七言常適當
白日事煩多雜念　夢回幽靜易成章
時時偶有詩花發　朵朵鮮姸滿室香

註解：詩花，比喻詩的激發詩情像花。

對詩有興趣的人，應當自己寫詩。因爲現代不是古代，讀古詩雖然可以使我們心理上得到平靜，文藝上得到進步，但是究竟不能滿足我們對現代事物和環境的關懷。自己寫的詩，隨自己的心意所發，隨時可以吟誦，更改。這樣既滿足了讀詩的慾望，又增加了寫詩的興趣，使得心平藝進，留下一些文化遺產給後人，何樂不爲。但是千萬不能自滿，不要認爲自己是得天獨厚，自己所寫的詩都是天成的。要知道有天賦的詩人不多。李白在戲贈杜甫詩中：「**飯顆山頭逢杜甫，頂戴笠子日卓午，借問別來太瘦生，只為從前作詩苦。**」便有記杜甫作詩苦的一句。一首詩寫好後，必須要經過千鍾百鍊，詩友稱許後，才算初步完成。千錘百鍊不是一蹴便成的。

中國詩起自民謠。民謠的作者都是普通平民，並非名人，也非文學家。只是一時高興，信口而出，聽者應聲和唱，便傳揚開來。我們現在寫詩，也應當如此。寫詩是爲了自己寫的。只要高興，任何題材，都可以寫詩。因此打油詩也好，風景詩也好，題畫詩也好，歌謠詩也好，能做到通順爽口，詩聲動人便好。上班族的人士，在下班回家後，空閒下來，回想今天工作上的瑣事，可以當日記寫詩。家庭主婦，整天在忙著家務，晚間等孩子們上床後，輕鬆下來，便可以寫她的家務詩。退休後的銀髮族，空閒的時間多，可以寫他的生活詩。著名的浮生六記，寫的都是日常生活。我們也可以花少許的時間，一句二句地積下來，然後再一字二字地修改，寫成自己滿意的小品詩。

二、廿一世紀的中國將有人人能詩的一天

人人能詩

人人時有詩情寄　網上尋求古舊材
軟件幫忙千百句　選他我喜集詩來

在十九世紀末和廿世紀初期，國父中山先生從事革命的時候，由於大量農民和勞工，童

年時期沒有時間讀書，中國四億億同胞中，可能有一半以上是文盲。因此國父對中國傳統詩的延續問題，發生悲觀論調，乃有「今倡爲至粗率淺俚之詩，不復求二千餘年吾國之粹美，或者人人能詩，而中國已無詩矣。」的警語。但一百年後，情勢轉變，中國國勢轉強，雖有兩岸各自爲政的鴻溝，但在普及教育方面，則目標相同；因此現在的中國，文盲是幾乎沒有了。加上國內各地新聞報導，皆用國語。方言文學原本是列強侵略分化中國區域的陰霾，也將一掃而空。現在電腦逐漸發達。在不遠的將來，中國總有人人會使用中文電腦的一天。因此我可以預測在本世紀中，人人將會使用中文電腦，寫作他自己的詩。

人人能詩，這是多麼美好的事情。目前雖然做不到。但在不久的將來，只要我們努力，中國人可能會做到。記得在一次宴會中，我談起中國近體古詩將來可能會大行其道。一位搞政治的朋友，大不同意。據我所知，因爲最近電腦的發展，網路上已經有好幾家中國古詩的網站，將來一定會繼續增加。我們可以利用這些網站，發展一種古代已經有的集句詩詩體。這種集句詩由來已久，宋朝的大詩人王安石便是集句詩的發起人。以後很多名詩人們也常有集句詩留下。中國歷代詩人輩出，唐朝的全唐詩中，便有四萬八千首詩。以後宋元明清，每一朝代，都有大批詩人的詩集留下。這是一筆豐富的文化資產，可以供給我們運用。集句詩整篇的詩章，可以由這些前人所作的幾十萬首詩篇中，挑選出幾句所需要的單獨詩句（小積木）集合而成。如此人人可以輕易地在電腦上選擇他所要的前人詩句，編排他自己的集句詩。這一種型式的詩，只有在中國的古詩和近體詩中才可以做到，這是因爲中國詩句押韻和平仄聲規律的標準化，才會使得詩句能簡化成一塊塊能拼合的小積木。想像今後中國人幾乎人人能詩，一定會讓外國詩人望洋興嘆的。

三、集句詩與微積分

電腦集句詩

電腦儲存記憶良　低吟淺唱試宮商
三千騷客留篇眾　百萬青年愛讀狂
觸目且將佳句集　新題試選好詩嘗
長期翻讀前人冊　興到靈開入醉鄉

當初牛頓先生在研究動力問題的時候，利用代數上極限的理論，在數學上開創了微積分。集句詩中的單獨詩句便有些像微分理論中縮小的極限單位，有如積木玩具中的小塊積木。集句詩中的詩句，是認句不認人。可以是同一原作者，也可以是不同的原作者。從前因為集句詩人需要熟讀數百種詩人的詩集，然後才能憑他超人的記憶力和寫作集句詩時的靈感，寫出集句詩篇。這是一件很不容易的事，一般只有飽學的詩人才能做到。現在由於電腦的功能，一天天地在進步。如果有人開發出集句詩的軟件，利用電腦的儲存量和速度，尋找出需要的相關詩句，使用軟件讓電腦自動集句，試行組合成詩。這樣前人難以做到的工作，今人可以容易做到。新人可以在電腦上搜集前人同一韻腳或同一類詩意的詩句，然後選擇決定。這樣既省事又可以讓人人能滿足寫詩的慾望。尤其是婚喪喜慶，應酬的交際詩，將會因此大行其道。希望寫電腦軟體的朋友們，花上一些時間和精力，來繼續發展中國詩詞中積分的程式。

總上所述，中國近體詩與古詩在七百年前已經發展到相似於數學中微積分的階段。這是中國詩史上的驕傲。在世界上是有崇高成就的。難怪現在很多外國詩人轉向研究中國詩。但是他們很少人能了解中國古詩進展到的程度。目前西洋詩也很難能如印象派的畫那樣追隨中國詩，解決窘況。這是西洋文學中可悲的事情。下面是我所作的一首集句詩。

聆布希總統在北卡羅來納州布萊格營演講（二千零五年六月廿八日）

試摘猶酸亦未黃（註一）　離宮秋樹獨蒼蒼（註二）

南風一掃胡塵靜（註三）　兵氣銷為日月光（註四）

註解：此詩係集唐人詩句而作
註一：李白答鄭騎曹青桔絕句。註二：皇甫曾葛嶺回望。
註三：李白永王東巡歌。　　　註四：常建塞下曲。

四、借句和仿意

借句集錦

中國詩翁氣量宏　讓人借句寄吟聲
新題集錦風光好　融會貫通別有情

前面曾講過引用他人的詩意寫作自己的詩。現在再詳細說明一些。所謂詩意，常常如圖畫一樣出現在詩人的腦海中。當你看過一場電影，讀過一首詩或讀完一篇文章後，腦海中會有時隱時現的圖畫出現，片斷地像在銀幕上一幅幅地放映。這時常有你自己的靈感在催促你去捕捉。你可以利用這些畫境，寫出你自己的詩句和詩篇。

一首古人的詩中，有時你只記得一兩句名句而不是全部的詩句。而這些名句因爲儲藏在你的腦中很久，一但機會來到，你便會選用到你的詩中。前面曾經說過，中國的集句詩中，所有詩句，全部是前人所作。因此借用一兩句或半句前人的名句，只要用得恰當，便不會損害你的詩譽。

本書第一頁的「詩鐘」便是仿意陸游的「示兒詩」如下；「死去原知萬事空，但悲不見九州同，王師北定中原日，家祭毋忘告乃翁。」這兩首詩除了題材不同外，詩鐘中所用的字句，幾乎是引用代數公式裡的a,b,c.代進去的。古人的酬唱詩或唱和詩，也是常用這種方式的。至於借句詩，全數借用前人的詩句的集句詩，已經在前面談過。作者曾寫了一首二千零二年湖南水災有感：

「報載洞庭湖水漲，穀倉黎庶又遭殃，氣蒸雲夢彌天雨，波撼岳陽澤國鄉，老幼同心忙堵塞，官民協力築堤防。頻頻災害須根治，事後還當計久長。」其中第三句及第四句，便借用了孟浩然的臨洞庭上張丞相詩中「氣蒸雲夢澤，波撼岳陽城。」兩句中的八個字。

本書第十二頁的「天涯」是仿元曲馬致遠天淨沙的「秋思」和卅頁的「靈感」則是仿白居易詞「花非花」的意境。

亡友何愷青教授，曾任台北師範學院，清華大學及美國華盛頓大學教授，著有「新編俏皮話」一書。本人曾引用書中十句話意，寫了十首詩。抄錄其中二首如下：

日　記（往事如煙）

雪泥留指爪　往事裊煙雯
日日匆匆記　星移過眼雲

當了衣服買酒喝（顧嘴不顧身）

自稱快活仙　囊盡拾榆錢
腹餓無饞慾　唇乾舔吐涎
且將衣服當　好與酒娘纏
冬冷何由懼　裝熊可過年

第八章　長篇的律詩——排律

一、排律詩體制和古人的評語

排律是八句律詩的延伸，按照律詩的規則，四句四句地增加。唐代詩人杜甫和白居易皆曾寫過一百韻二百句的五言排律。其他知名詩人，如王維，劉禹錫，元稹等，皆有排律傳世。律詩因爲對句的安排，可以引進相關或類似的事物。使讀者不覺得牽強附會；反因娓娓吟來，別有風情。排律的詩篇可以寫得很長。如用在大手筆的詩題上，只要安排得好，不會比長篇的古體詩差。但因排律在帝王時代，是科舉考試中試帖詩體的一種。常用於歌功頌德和友朋酬唱應和中。因此這類的古時題材的排律詩，並非人人喜讀。加上篇幅太長的排律，由於對偶句的安排，空話多，警句少，不得不背棄了詩的精簡原則。自然不能如寫文章一樣地通暢平實。

清仇兆鰲曰：「詩有近體，古意衰矣。近體而有排律，去古益遠矣。……」。近人王國維在人間詞話中則曰：「近體詩體制以五七言絕句爲最尊，律詩次之，排律最下。蓋此體寄興言情，兩無所當，殆有均（古韻字）之駢體文耳。……」

二、排律詩體未來的發展

我很難同意王國維對近體詩體制的評語。更不同意他低貶排律所說的「蓋此體寄興言情，兩無所當，……。」。詩的體制是工具，有如木工的規矩。我們不能因爲空手畫圓比畫角難得多，必需要用圓規，便說矩尺不如圓規。排律因爲詩句多，對偶句可以引進不同的事物。因此全詩寫作比較複雜。詩句時時隨著詩中的事物變，表達詩的手法也跟著變。加上排律在詩的藝術面和音韻面所佔的優越地位，以及現代題材面的膨脹，將來可能比長篇古詩在讀者面上更有好感。

古代文人因習慣於士農工商的階級觀念，總覺得自己高高在上。往往輕視科技和蔑視時事的進展。因此古人很少有科技詩的寫作，甚至時事詩也不多。這可能是由於古人少有親身到現場觀察的機會，只憑道聽途說，很難寫出生動感人敘述時事的排律詩。

一般說來，詩的題材不應當僅僅限用在寄興言情的題材上。排律如用在事項多而需要長篇幅的題材上，也可以照樣地寫出八句律詩不能完成的優良詩篇。至於仇兆鰲所說的古意，則是古人的詩文在無法超越前人時的一般論調。在今天複雜多變的社會中，我們怎能重視古意。尤其是現代交通的快捷，資訊的立時傳遞以及知識的膨脹，不比當年。王國維的世界遠比今天的世界小，而仇兆鰲的世界比今天的世界更小得多了。現在家家差不多有電視，人人會使用電腦。任何新聞事項，可以立時從電視，電腦上看到讀到。詩人只要有電視，便可以足不出戶，看到一切現實情況。使用電腦，便可以知道很多消息和收集材料。詩人只要等到靈感效應產生，便可以寫下他所要寫的詩。因此現代人寫詩遠比過去容易。從電視新聞中，按照實際情形寫，題材資料豐富，正確可靠。寫出來的詩，不但比前人事半功倍，而且真人真事，一定會親切動人。但有時洶湧而來的靈感，會逼迫詩人多寫幾句。因此四句的絕詩或八句的律詩，常不免寫不完整個事項的過程。有時必需超過八句。我的很多排律記事詩，便是在這種情形下產生的。一般來說，新聞記者幾十分鐘的報導，詩人可以縮短成廿多句左右的排律寫詩。使得那些終日忙碌，沒有時間翻報紙，看電視的人們，讀過你的詩，便了解事項的經過，感慨記牢在心。排律在記事詩上未來的發展，將不可限量。

詩與文最重要的分野是詩的精簡原則。因此在寫排律詩時，一定要堅持精簡原則，不要如台上的優伶那樣，塗上厚厚的脂粉。

三、我寫排律詩的經過

本人在二千零一年張學良先生去世後，曾用七陽韻寫了二首輓詩。在西雅圖市西華報刊載時，二首詩連在一起，用韻又相同，很像一首排律。因此引起我對寫長篇排律的興趣。在我的寫景與時事詩中，常常在八句的律詩後，再加上四句。二年後，蔣宋美齡女士去世後。因為有關她的故事多，本人便初次寫了一首二十句的排律輓詩。後來再動筆籌寫毛澤東時代詩。起初僅寫了廿八句。但毛主席的事情實在太多了。短短廿八句豈能寫完他的時代？只有多讀參考書籍，尋找資料。好友邱炳華先生及唐王仁珮女士提供很多有關他的參考資料給我；並得到潘錫龍與高之濬二先生在詩句上多次的推敲和指教，逐漸增加到六十句。最後李熊飛先生借給我「長征」電視劇的錄影碟，看完後再增加四句，才算初步完成。

這首詩至今我一直還在推敲詩句，逐字逐句地修改。自二千零四年二月定稿後，已經改了廿一句。

後來發覺毛主席，允文允武，集中國古史兵家之大成。譽為近代傑出軍事家和中國詩詞優秀的殿後人，當不為過。至於他晚年漁色，好大喜功，則不無小疵。迫害異己，殘民以逞，以不知為知之，造成世界上最大的飢荒，則所害甚烈。然而毛澤東時代的無驕兵，少貪官，不傳天下於家，使得五千年古國能真正躋身於世界五強之列，炎黃子孫，能在僑鄉異土，不受當地不平等法規歧視，毛氏於國家民族，亦有大功。因此靈感又來臨，再寫了一篇三十二句的毛澤東之歌，尚未定稿。

在寫作這三首史詩的四年過程中間，本人曾陸續寫了廿多首有關史事，時事，景物和應酬的排律。如新長江歌，二千零四年聖誕節後印度洋海嘯記事，祝愷青大師九秩高壽（二〇〇四年六月十二日）。其中超過十六句的尚有趙紫陽解救四川饑荒記（十六句），二千零四年聖誕節後印度洋海嘯記事（十六句）及二千零五年九月颶風卡區娜肆虐記（十六句）排律四首。將在「排律詩抄」集中與讀者見面。希望在作者有生之年，再多寫幾首排律。

本書第三十頁的「詩的題材」和五十頁的「詩境無疆」二首，便是用排律詩的體裁寫的。讀者可以參閱。

四、排律詩的詩譜

排律詩因爲詩句較多，一般只限于平聲韻。下面是廿句七言排律詩平聲韻平起定式的詩譜：（五言排律詩的格式則是在七言排律詩譜中每句拿掉前面的二個字「平平」或「仄仄」即成。）

(一)平聲韻平起定式

平平仄仄平平仄　仄仄平平仄仄平

(如要第一句用韻，則第一句換成平平仄仄仄平平)

仄仄平平平仄仄　平平仄仄仄平平

平平仄仄平平仄　仄仄平平仄仄平

仄仄平平平仄仄　平平仄仄仄平平

平平仄仄平平仄　仄仄平平仄仄平

仄仄平平平仄仄　平平仄仄仄平平

平平仄仄平平仄　仄仄平平仄仄平

仄仄平平平仄仄　平平仄仄仄平平

平平仄仄平平仄　仄仄平平仄仄平

仄仄平平平仄仄　平平仄仄仄平平

（二）平聲韻仄起定式

排律詩平聲韻仄起定式與平聲韻平起定式的詩譜可說是同一詩譜。作詩時只要將平起定式詩譜的前面兩句移到最後便成爲仄起定式詩譜。如用變式，應將首句中最後三個字改爲（仄仄平）。

第九章　介紹幾種特別的詩

一、借題詩

借題詩

詩意如圖畫　深情叩我心
時時題目變　掌握入箋吟

借題詩是利用詩的絃外之音，運用到另外事物或另一類似的題材上。清代有名的文字獄，便是由於借題詩而起。借題詩因爲可以借題發揮，很多新奇複雜難於措辭的詩篇，可以用李代桃僵的辦法，選用通俗簡易的事物代替入詩。借題詩因爲不是直述，如用在諷刺詩中，將更會引人入勝，叩人心弦。李商隱幾首著名的無題詩，似乎可以包括在這一類型中。
唐代朱慶餘曾寫了一首近試上張籍水部：「洞房昨夜停紅燭，待曉堂前拜舅姑。妝罷低聲問夫婿：畫眉深淺入時無？」問考官張籍考試成績如何？張籍酬詩曰：「越女新妝出鏡心，自知明艷更沉吟，齊紈未足時人貴，一曲菱歌敵萬金。」傳爲詩中佳話。將來這種借題詩體，可能會開創出一片新的光明詩路。有待後來的詩人們大力開發。本人曾用釣魚的詩句寫了一首「尋職」如下：

尋職（二千零二年）（一）

寂寞空山路　寒江釣者趨

持竿思酒暖　妻問得魚無（二）

注解：（一）二千零二年，美國經濟不景氣。失業者求職不易，中小公司常有人登門求職，因作詩記之。（二）妻問得魚無？此句與上句相連。求職者想像獲得工作後，飲酒慶祝的高興情形。但如得不到工作，將如何回答妻子的詢問。

又如本書中第五十三頁的一首「詩路」，便是用諧音的絲路寫成的。

二、嵌句詩

嵌句詩是在四句的絕詩中間，加入二組對句，形成八句的律詩。原來的四句絕詩，可以說是母體，中間的嵌入二組對句則是子句。下面是我所作的三首詩。

日日新

精益求精精上進　細中更細細於塵
風推後浪翻前浪　日日維新日日新

新科技

精益求精精上進　細中更細細於塵
基因病毒微生現　科技工程萬象春
登月環球窺地角（注一）探空開路訪天津（注二）
風推後浪翻前浪　日日維新日日新

注一：地角，地之盡處。注二：天津，即銀河。

新世界

精益求精精上進　細中更細細於塵

顯微點點千形變　晶片微微萬樣陳
水府淵淵探異域（注一）　星空暗暗覓迷津
風推後浪翻前浪　日日維新日日新

注一：水府，水之深處。

三、空靈詩

空靈詩

空靈無軌跡　緒少縷偏多
了了輕虛語　心齋自網羅（注一）

注一：心齋，謂摒除雜念，使心境虛靜純一。

空　靈

何物是空靈　空靈不寓形
如同波上月　燦躍萬鱗熒

有無吟

有物如無物　名財棄後閑
一遭春夢覺　身在有無間

中國詩受道家和佛家的影響很多。道家老子與莊子的著作中，很多旨趣被詩人倣效、採用和吸收。

佛教的教義，也常是中國詩中詩意的泉源。大詩人蘇軾，結識了幾位方外之交，詩風便轉向空靈。很多高僧所作的佛偈，其中便常有很好的詩篇。例如五祖傳衣缽時，上座神秀，書偈曰：「**身是菩提樹，心如明鏡臺，時時勤拂拭，莫使惹塵埃。**」慧能偈曰：『**菩提本非樹，明鏡亦非臺，本來無一物，何處惹塵埃。**』二人的偈中，神秀的偈是一首好詩。但是六祖的偈中，卻含有深奧的禪意或詩意。

一般說來，詩人因爲要讓讀者自己去體會，常不直接用詩句將詩意表達出來。這一點有些像禪宗高僧們的機鋒語。

總之，詩句雖然是定了型，但詩意卻不是定形的，如果引進了空靈的意趣，將使詩意增色不少。

以下是我對空靈的解釋：「空靈如羚羊掛角，無跡可尋，不務華彩，不趨矯飾；不直言而言直，不述意而意會。心以字示，神以句達。寓藻麗于字外，寄幽情于句中。有清風之柔，無煙火之燥。以最少之辭句，表無限之意情。曲直離奇，平鋪直說。飄逸恬淡，意趣超塵。」這些都是詩人努力追求的標的。

最近美國詩人赤松 Red Pine 翻譯了一本唐代寒山詩集的英文版。空靈詩也許會給低沉的美國詩壇打了一針強心劑。在我看來，美國是一個高度機械化的國家。一般人勤於工作，很少有休閑的時間，需要清涼的詩篇來調劑身心。退休後生活輕鬆了，經濟上又有固定的退休金，不愁衣食。這些人便有時間蒔花種草，與大自然接近。空靈詩與接近空靈詩的田園詩和寫景詩，在美國將來可能會有發展的機會。

讀赤松編美國版寒山詩有感

全唐詩五萬　慧眼識空靈
千載東方韻　寒山海外熒

四、題畫詩

題畫詩

詩中有畫畫中詩　花放蜂來蝶舞癡
疏影橫斜山石水　吟聲低繞鳳凰枝

詩人畫家們，常在畫上題詩。這一類的詩通常是絕句詩或者只有二句的對句。唐朝的王維，被稱譽爲詩中有畫，畫中有詩。以後的名畫家們，也常在畫上題詩。近人齊璜，所寫的題畫詩。詩解畫意，畫輔詩情，詼諧凝練，堪稱一絕。據齊先生自己對他在藝術上成就的評論：「詩第一，印第二，字第三，畫第四。」而很多人則認爲：「齊白石畫藝勝於書法，書法勝於篆刻，篆刻又勝於詩文。」我的解釋則是，齊白石是出類拔萃的藝人。一切創作，皆憑天趣。他在詩文篆刻書法畫藝四方面都是登峰造極。但是他最喜歡的乃是詩文的成就，而不是時人所欣賞的他的畫藝。在我這個外行人看來，他的畫能做到常人所不能達到的陰中有陽，靜中生動，無中生有，似真非真的意境，舉世無匹。但是畫仍然不及他的詩的詼諧活潑，能表達五味五情的天趣。因此齊先生可能認爲他的詩比畫更富有天趣。但是在古今詩人中，齊先生只能算是題畫詩中頂尖的詩人。因此一般人會認為他的畫比詩好。簡而言之：詩詮畫情，筆達畫意，章醒畫覺，然後畫面才得四面玲瓏。

五、預言詩

預言詩

詩裡乾坤大　通神示預知
須人多發掘　術數決猜疑

因為詩是言簡意賅，可以省去主詞，受詞和動詞的文章。詩意可以模糊，不需要向讀者交代清楚，形成文字上未定的意義。這種文學，是預言家最好的傳達方法。在中國和外國詩中，預言詩是獨樹一幟。可是近代人常會主觀地認為人定勝天，總認為預言是迷信。其實迷信是不辨真偽的世俗之見。預言是一種靈感作用，當事人常說不出道理，現代的科學也還不能充分解釋的現象。但是一到時間，便一目了然。有時閱讀多年前的預言詩中所寫的變故，與後來事情發作時的情景，非常符合，真是不可思議的事情。

中國的古老預言有姜尙的萬年歌和劉基的燒餅歌，此等歌是否為姜太公和劉伯溫二人所作，值得懷疑。還有唐代李淳風袁天綱共作圖讖的推背圖，每圖附七言詩一首的預言，對後來發生的事情，有相當程度的靈驗。在西洋，便有一位猶裔生長在法國的諾斯特拉達瑪斯先生（Michael Nostradamus），即（Michel DeNotredame），在一五五六年里昂出版的預言四行詩集，諸世紀【Centuries】中。預言法國大革命，美利堅的誕生，第二次世界大戰以及二千零一年紐約世貿雙廈的被炸等，事後皆有相當程度的準確性。諸世紀【Centuries】在大英百科全書中可以找到。研究這本書的英文書籍便有好多種。美國各大圖書館，皆可以借到。

第十章 尾 聲

拉拉雜雜地寫了很多。末了，附上拙作二首詩，飲酒慶祝，作為本文結束。

一、陳 酒

陳酒舊瓶裝　杯中閃淚光
多年埋地下　撲鼻引人嘗

二、美 酒

茅台自有芬芳味　傾入高杯石塊融（注一）
雞尾調和千百種　何須加醬女兒紅（注二）

注一：美國人飲酒時，常喜加冰塊。諧稱石塊 On the Rock.　注二：美國雞尾酒中，有一種酒，名 Bloody Mary，係在 Vodka 酒中加蕃茄醬，使成紅色。女兒紅是中國紹興酒中的一種。

附錄　詩韻常見字彙

近體詩以平聲韻爲主。因此本字彙所收集的平聲韻字很多；仄聲韻字較少。韻字因下列種種原因往往有一字分列在多處韻目中：（在這種情形下，初學者只有多查辭典）

（一）字有多種讀音。如倥字，音空，東韻；音孔，董韻；音控，送韻。

（二）字有數意。讀音因意異而異。如倩字，音蒨，霰韻，作人美及含笑貌解；音婧，敬韻，作借及女婿解。

（三）字有數意，讀音看用處而異。如亮字，音諒，漾韻，作聲音高朗及明也，導也，佑也，信也解；音良，陽韻，亮陰，天子居喪之廬。

平聲中的韻目有上下平聲，是因爲平聲韻目太多而分，並非按照陽平，陰平而分。

上平聲有一東，二冬，三江，四支，五微，六魚，七虞，八齊，九佳，十灰，十一真，十二文，十三元，十四寒，十五刪。

下平聲有一先，二蕭，三肴，四豪，五歌，六麻，七陽，八庚，九青，十蒸，十一尤，十二侵，十三覃，十四鹽，十五咸。

一東

東同桐筩熊峒銅筒衕酮童潼瞳僮瘇曨艟橦棕
紅豐酆終中忡衷忠螽蟲虫鴻崇沖戎融嵩崧宮訌
功弓攻躬瀜雄龐穹憧窮藭馮風楓逢充隆空倥悾
公蒙朦朧礱幪夢瞢懵豵潨灃總窿絨工濛籠嚨瓏
聾洪虹渱叢翁蓊聰蔥驄匆鬷通蓬篷烘芃釭鏠洚

二冬

冬農宗鍾鐘龍顒松衝容蓉庸封葑胸雍濃重從
逢縫蹤茸峰蜂鋒烽筇慵恭供琮悰淙儂鬆蘢凶墉
傭鏞溶鎔醲蛩共穠邛喁邕壅癰饔縱龔樅膿淞忪
彸憃瑢兇匈洶廱丰艟蚣憎榕褣跫彤橦鬃鬉

三江

江釭扛杠釭矼尨厖哤窗摐鏦邦降雙逄瀧艭龐
腔撞幢淙椌椿洚橦舡惷豇悾鬃跫

四支

支知枝移爲垂吹陂碑奇宜儀兒治差棋琪騏萁
祺綦祠彌颸肢咨皮離施持危氏貍芝巵之池馳規
夷師篩姿遲龜眉悲時詩旗基嫠詞辭期疑姬葵司
醫惟罹帷誰滋隨思絲其箕癡維虆麾墀慈遺肌脂
雌披嬉尸炊湄籬蘺蘄茲孳疲卑陴茨蓰蕤虧騎陲
曦歧岐誰斯撕私窺欹熙欺疵痍疷貲笞羈髭瓷資
粢淄瀰廝貔羸僖嘻禧琦崎嵋熹孜蚩媸摛魑紕裨
丕邳酈祇禔彝耆猗蠡居梔畸磁痿雖仔瓻訑鮞麒
夔椅楣隋墮委逶踟酏圯塒漓灕褵褫頤縻飢衰榱
錐離醨咦洟姨娭嬀簃涯伊蓍鰭追緇錙推椎睢羆

篪釐薺萎蕤匙澌坻胝脾嶷驪屍怡尼怩漪匜犧貽
飴而鴟鸝鷥縻靡逵咿羲獅欹嗤咿輜推麋犂梨黧
黟犛璃祁綏戲巇纍絺緌錡鎚槌騅馗蜊淇洏麗

五微

微薇輝徽揮翬暉韋圍幃違闈菲霏斐妃緋騑馡
飛非扉肥腓威祈旂畿機幾譏磯鞿璣飢稀希晞衣
依沂巍歸禕誹淝欷揮諱葳肵頎碕

六魚

魚漁初書舒居裾車渠歔蕖余予譽餘輿胥狙鋤
疏屠鼯蔬梳虛噓徐豬閭廬諸除儲如墟驢菹攄篨
歟疽蛆且於茹袪祛沮紓挐櫚臚淤妤帑躇瀦据摴
籧櫧旟璵

七虞

虞愚娛隅芻無蕪巫于盂衢儒孺濡襦醹須鬚株
誅蛛殊銖瑜榆愉區驅軀趨朱珠侏硃邾茱扶符夫
膚郛凫雛敷紆輸樞廚俱駒模謨蒲胡湖瑚乎壺狐
孤弧辜姑觚菰徒途塗荼圖屠奴孥駑壚鑪呼吾梧
吳蜈租盧鱸蘆蘇酥烏枯粗都鋪禺嵎誣竽汙雩吁
瞿臞劬需貙俞逾覦窬喁毹踰臾萸徂刳姁蒩鋪嶇
婁苻莩孚俘趺迂姝躕拘醐糊餬酤鴣蛄沽呱鼯逋
艫壚拏瀘櫨蚨嚅毋麤訏幮喁芙顱轤旴洙麩虖鸕
歈瓠揄嘔齬圬葫嗚渝諛腴旴摹闍瘏菟洚

八齊

齊臍犂藜黎梨黧蠡璃妻淒萋悽棲提隄羝鞮詆
磾柢低稊題荑蹄啼締銻綈騠禔媞鵜緹折篦鎞雞
稽𥡴笄錍兮奚粞蹊傒𥉮騱谿鼷鷖黳倪齯霓猊鯢

輗醯西栖犀澌嘶撕梯鼙巂批躋齏齎鑴懠迷泥臡
溪鼷圭閨窐邽刲乩睽奎攜觿蠵棃驪緀凄桋睼緊
翳酅蜺榼䮎畦鸝霋

九佳

佳鞋牌街柴叉釵差崖涯階偕諧骸排乖懷淮豺
儕埋霾齋媧蝸娃哇皆荄喈楷揩湝痎櫰鮭捱緺啀
蛙俳

十灰

灰恢魁隈回徊迴槐枚梅莓媒煤瑰隗雷罍隤催
堆摧陪杯醅嵬推開哀埃台臺抬苔該才財材裁來
萊徠栽哉災猜胎腮孩豗虺悝洄咍禖縗崔漼裴培
坏駘垓陔騋獃毸暟傀欸絯崍郲詼煨鎚臭荄纔郃
頦頹椳茴偎捼桅唉

十一眞

眞嗔稹因茵辛新薪晨辰振娠臣嚚人仁神親申
伸紳身賓濱鄰麟鱗珍瞋塵春椿陳津秦頻蘋顰嚬
銀垠筠巾困民緡貧蓴醇屯肫窀純脣倫綸掄輪淪
勻昀旬巡馴紃鈞榛均臻姻駰闉宸寅嬪齗彬鶉皴
遵循甄振禋岷惇諄椿徇詢峋莘堙呻磷璘驎瀕閩
豳填泯忞旼悛逡踆昀恂峋洵湣溱詵湮儐燐夤荀
郇錞迍竣紉鄞墐畛潾嶙眴斌甡氤狺螓

十二文

文聞蚊汶紋雲紛氛分芬群君焄裙軍皸焚賁墳
濆斤勤筋熏勳纁薰曛矄醺葷芸云妘紜耘棼棻枌
汾濆雰員鄖氳欣芹殷昕熅紜臐慇懃堇慬垠狺齦
鄞雯溳澐鳻魵轒麇

十三元

喧
元原源園宛鵷黿猿轅垣狟煩繁蕃樊翻旛暄萱
言冤軒藩魂渾褌溫殟孫門尊蹲存敦墩暾屯豚
村盆奔侖論昏婚閽痕根恩吞沅湲媛諼猿援膰蹯
燔爰幡播繙礬嫄湓番璠鶱鴛嶟掀坤昆琨鯤緼捫
蓀飧芚蕡歕噴崙髡惛跟垠蕵掄軘榬蘩樽鞎緷軒
杬豲蚖繜洹袁笲晅咺眢怨蜿沄拫臀犍崑燉焞飩
棔

十四寒

寒韓翰榦丹殫單安鞍難餐壇灘彈殘干肝頇玕
杆鼾邗乾竿闌蘭瀾欄看刊丸完桓皖紈端湍酸痠
團摶攢官觀冠鸞鑾欒巒歡寬盤鞶蟠漫汗鄲歎攤
姍珊奸刓剜漙慱剸棺驩讙鑽磐瘢謾瞞顢蹣潘跚
胖弁豻簞癉攔岏莞獾般磻拌撣倌饅鰻瘝禪狻涫

灤

十五刪

刪關灣彎間閒潸閑闤還環鐶鬟鍰寰圜僝鷳班斑頒般蠻顏姦菅攀山豻頑鰥艱嫺慳孱殷潺媥斕湲綸憪跧患訕扳

下平聲

一先

先前千阡箋遷天堅肩賢絃煙燕蓮憐田年塡鈿顛巔牽姸研眠淵涓邊籩編玄縣泉鮮仙錢煎然延筵氈旃羶禪蟬纏躔連聯漣篇偏綿全宣鐫穿川乾緣鳶鉛捐旋娟船涎鞭銓筌專圓員虔愆騫權拳椽傳焉蹮芊濺舷咽漩駢鵑綖埏弦癲翩扁闐沿鏈悁詮痊荃戔懸韆祆媥仟湔畋佃蹎滇胼蠙煽潺蜒嬋璿跧褰搴嫣緶廯澶惓煽籛秈扇璇棉踡蜷鰱顚

二蕭

蕭簫挑貂刁凋雕岧鵰彫髫迢齠條梟跳岧調澆
聊遼么妖寥撩寮僚堯嶢宵消霄綃銷超朝潮囂樵
譙驕嬌焦蕉椒饒橈蕘燒遙傜姚搖謠軺瑤韶昭招
標飆飄鏢瓢苗描貓腰邀喬橋僑妖夭翹祧佻徼僥
枵熇嬈愮趫撬劭嘵飆瀟驍獠痟硝魈鼂猺釗蟯蜩
轎彯蕎鐐嘹瞭剽逍憔嫽嶠漂嫖

三肴

肴巢交郊茅嘲鈔包爻膠苞梢艄蛟庖匏敲胞拋
鮫崤撓磽鐃骹炮筲哮呶捎譊茭淆弰泡礮坳怓殽
跑聱咬咆鞘詨勦鉋髇佼訬髾姣謷抓颮庨涍轇凹
教嘮

四 豪

豪毫操絛髦刀萄猱桃漕糟旄袍撓蒿濤號螯嗷璈鼇敖遨曹遭糕篙羔高嘈毛搔艘滔騷韜膏牢醪逃槽濠壕蠔綯勞嘮癆簩艚洮慅叨慆颾舠螬忉饕嶅熬臊槄陶褒繅匋蟧淘咷醄囂撈蜪橰皋嘷鰲鼛燾氂澇槔

五 歌

拖羅多儸河歌戈阿和波科柯陀娥蛾鵝蘿籮何過磨螺騾禾窠哥娑挲跎鮀駝佗沱髁詑鼉他苛訶珂軻痾莎蓑梭唆婆摩鄱魔訛坡陂頗紽酡莪俄峨哦呵皤麼渦窩伽牁嵯磋傞搓瑳艖鹺蹉嵳菏那蝸嶓蝌茄鍋倭囉堝鑼

六麻

麻華花霞家茶沙車牙蛇瓜斜邪芽嘉瑕紗鴉遮
叉葩奢查渣楂拏琶賒涯誇胯巴加耶椰挪嗟遐笳
差蟆蛙蝦譁葭茄撾檛哇呱呀枷迦痂珈啞媧爬蝸
爺芭笆疤鈀鯊枒驊豭娃窪畬丫艖夸裟些跏啞椏
痂杈姱岈爹衙齖煆幏樺琊划吾鎈佘靴闍杷

七陽

陽楊香揚暘煬餳瘍鄉薌光洸桄昌堂棠章樟彰
漳鄣張王房芳長塘妝常涼霜藏場央殃鞅泱鴦秧
嬙狼床方亡漿觴粱娘莊黃潢倉皇裝肪傷殤襄驤
相湘緗廂箱創瘡忘芒望嘗鏘償檣槍鎗蹌坊囊郎
榔唐閶螗糖狂強腸康糠岡綱蒼匡筐荒遑行妨翔
良航倡倀颺羌蜣姜薑僵韁疆萇糧牆將桑剛祥詳
暘洋徉佯粱量羊祊湯魴慷檣璋獐猖鋩商防慞艎

煌篁隍凰徨蝗惶璜廊浪踉琅簹襠滄搪亢餭鋼喪
盲簧忙茫傍汪臧蜋當簹襠璫庠裳昂障瘍鏘吭鏜
硠杭頏邙贓湟溏碭驦筤禳攘膀螿瓤蟾搶戕螳眶
煬菖鐺瑲蹡勷纕蔣斨殃薌鯧薔鑲汸鈁滄劻恇孀
雱彷胱旁滂磅螃

八庚

庚鶊更羹盲橫璜觥彭棚亨鎗英瑛烹平評京枰
驚荊明盟鳴瑩榮熒塋滎兵兄卿生笙甥牲擎檠鯨
黥迎行衡蘅耕萌氓宏紘閎莖罃鶯櫻泓橙爭箏猙
錚清情晴精睛菁晶旌盈贏嬴楹瀛營嬰纓瓔貞成
盛城正鉦程誠呈聲酲征鉦輕名令傾縈瓊賡鍠喤
撐瞠槍霙傖崢苹猩鼪珩娙鏗翃嶸嶒嚶鸚并琤砰
怦伻轟訇瞪蜻罌甍瀯楨攖禎赬偵裎鯖頃騂坪抨
絣趟

九青

青經涇形刑邢硎鉶型陘娙亭渟婷庭廷霆蜓淳
停丁仃玎釘馨星猩腥醒惺靈欞齡鈴苓伶泠零玲
綎羚翎蛉舲絅鴒瓴囹聆廳聽汀冥溟蓂瞑螟銘瓶
屏萍町軨熒螢滎娉寧扃坰

十蒸

蒸承丞懲澂菱淩陵凌綾薐冰輘綾膺鷹應蠅繩
澠乘塍升昇勝興繒甑憑仍兢矜徵癥凝稱偁登澄
鐙燈登僧鬙崩增矰憎弘罾層曾能楞朋鵬鞃肱薨
騰滕藤籐縢鯪弦崚恆馮艿膯噌磳

十一尤

尤郵優憂流琉旒留遛榴騮劉瀏由油游遊蝣猷
蝤攸悠牛修脩羞秋愀湫楸揪周賙州洲舟酬仇柔

揉蹂儔疇稠綢裯籌躊丘邱抽瘳讎遒收鳩不搜騶
愁休庥髹囚輈求裘毬浮謀牟眸侔矛蟊骰餱侯猴
喉謳漚鷗甌歐樓塿褸髏婁偷頭投句鉤軥篝溝韝
幽虯彪櫌鏐疣瘤鰍蝤猶啾酋鄹諏蒐溲鄒搊篘謅
騶貅咻泅紬啁球逑絿銶觩俅賕棓桴罘鍪篌鍭摟
螻窶裒颼瓿兜陬惆呦緱嘔繇鞲繆簍怮蚰抔芣

十二侵

侵尋潯林霖臨鍼箴斟沉砧碪深淫心琴禽擒欽
衾吟金今襟音愔陰岑簪駸鐔琳淋琛椹諶沈忱壬
妊任紝霪綝黔嶔崟歆瘖森參蔘芩涔禁襟綅

十三覃

覃潭譚蟫醰曇驂南楠參男諳庵含函涵嵐蠶探
貪眈耽湛龕堪戡弇談惔甘三酣籃柑聃坩藍擔唅

邯儋蚶憨毿鬖痰滐甔諵菴酖艦倓啖棼簪盦

十四鹽

鹽檐廉簾嫌嚴占髯謙奩纖籤瞻炎蟾添縑兼霑尖潛閻鐮幨黏淹箝甜恬拈砭詹襜暹殲鈐黔鶼磏覘帘沾蘞僉憸苫襳崦鰜醃鉗厭蒹阽濂銛譫

十五咸

咸鹹函緘喦讒銜巖帆衫杉監凡巉饞鑱芟喃嵌摻瑊劖碞諴詀颿縿欃嗛監

上聲有一董，二腫，三講，四紙，五尾，六語，七麌，八薺，九蟹，十賄，十一軫，十二吻，十三阮，十四旱，十五潸，十六銑，十七篠，十八巧，十九皓，二十哿，二十一馬，二十二養，二十三梗，二十四迥，二十五有，二十六寢，二十七感，二十八儉，二十九豏。

一　董

董懂恫洞峒硐桶動攏籠俸矇懵總孔汞滃蠓愡

二　腫

腫勇種踵寵壟擁壅甬俑洶湧踴拱鞏悚聳慫恐
奉捧重冢茸溶

三　講

講傋港棒蚌項

四　紙

紙只咫此是枳你彼砥抵靡毀委詭髓妓綺徙爾
邇婢弭弛豕紫企肖指視美兕几姊匕妣軌水止市
恃喜己紀技俾鄙晷子梓矢雉死履壘誄揆癸趾芷
以巳已苡似汜姒祀史駛珥里理李俚起鯉杞士往

始痔齒矣擬恥滓璽址娌痞倚仔

五尾

尾鬼偉卉葦瑋豈螘虺幾菲斐誹

六語

語圉圄齬禦呂侶旅許膂佇紵苧貯予抒杼與嶼渚楮褚煮汝茹暑黍杵處女巨距炬鉅所楚礎阻沮俎舉莒敘序緒墅

七麌

麌雨羽禹宇舞父府俯鼓虎古估詁牯股賈蠱土吐譜圃瘐庾戶樹煦怙鹵滷怒罟肚嫵扈滬齲祖組輔乳弩補魯櫓堵賭豎腐數簿普姥侮五伍廡斧聚午部縷柱矩武甫脯苦推撫浦主炷杜鳩愈祜雇虜

滸怒詡栩

八薺

薺禮醴啓米澧陛洗邸底詆抵弟悌涕遞濟蠡醍
緹體

九蟹

蟹解駭買灑楷鍇獬擺罷拐矮

十賄

賄改悔采彩綵海在宰載鎧愷待怠殆倍猥隗蕾
儡欸乃塏匯每亥罪

十一軫

軫允敏引蚓尹盡忍隼筍盾閔憫泯困菌畛哂腎

牝臏賑蜃隕殞蠢緊狁愍吮朕稹準

十二吻

吻粉蘊憤隱謹近忿墳巹听刎

十三阮

阮遠本晚菀反返飯阪損偃堰袞遁遯穩蹇宛婉
蜿琬閫悃鯀鱒撙很懇墾圈綣混沌焜棍娩

十四旱

旱罕卵管滿短館煖緩盥欵嬾散傘伴誕斷侃算
嘆但坦袒悍亶纂纘

十五潸

潸柬揀眼簡版產限撰棧赧孱

十六銑

銑犬扁選善遣淺典轉衍兗勉輦卷冕展繭辯辨篆顯餞踐眄喘車奐蹇演棧舛臠衮孌鮮件璉單殄靦緬鍵燹狷翦

十七篠

篠小表鳥了曉少擾繞皎嬈紹杪秒沼眇渺窕嫋褭夭挑矯寥瞭繚燎杳窅穴肇標縹殍悄掉兆嬌淼

十八巧

巧爪飽卯昴鮑撓攪狡絞姣拗炒找

十九皓

皓寶藻早棗老栳好道稻造腦瑙惱島倒禱擣抱討考徠縞潦保葆堡褓鴇草昊浩襖燠蚤澡媼燥掃

嫂稿

二十哿

哿火左坐果舸柁沱我娜荷可坷軻裹朵垛鎖瑣
墮惰妥麼裸蠃跛簸頗禍夥顆

二十一馬

馬下者且冶野也雅瓦寡社寫瀉夏廈把賈假捨
赭惹若姐啞灑

二十二養

養痒鞅怏泱象像橡仰朗奬槳敞氅廠昶枉顙強
穰沆蕩放仿倣兩緉黨讜儻曩丈杖仗響嚮掌想榜
爽廣享晃滉幌莽漭蟒紡繈襁蔣攘盎髒長上罔網
輞壤賞往慷

二十三梗

梗冷影景井領嶺境警請屏餅永聘逞穎潁頃整
靜省幸頸郢猛丙炳癭杏打哽秉耿憬併皿靚艋靖

二十四迥

迥炯茗挺梃艇町醒酩溟巠剄等鼎項脛肯拯

二十五有

有口酒首手走久斗後柳友婦狗負厚叟守綬右
否受牖偶耦九阜后咎吼帚垢畝紐鈕舅藕朽臼肘
韭剖缶酉扣甌黝莠丑苟某玖拇紂糾忸蚪赳毆陡
壽

二十六寢

寢飲錦品沈枕甚審廩衽飪稔稟凜懍瀋諗荏嬸

二十七感

感覽欖澹膽橄坎慘敢頷萏菡撼毯唵喊橄嵌

二十八儉

儉琰談斂險檢臉染奄掩簟點貶冉苒陜諂漸玷忝剡颭芡閃歉慊儼

二十九豏

豏範減艦犯檻湛斬黯喊濫歉巉

去聲有一送，二宋，三絳，四寘，五未，六御，七遇，八霽，九泰，十卦，十一隊，十二震，十三問，十四願，十五翰，十六諫，十七霰，十八嘯，十九效，二十號，二十一箇，二十二禡，二十三漾，二十四敬，二十五徑，二十六宥，二十七沁，二十八勘，二十九豔，三十陷。

一送

送夢鳳洞恫眾甕弄貢痛棟仲諷慟空控哄

二宋

宋重用頌種訟誦統縱綜縫俸岩從葑雍

三絳

絳降巷撞淙

四寘

寘事置地意志治思淚漬吏賜字義利器位伺使
備僞戲至次累寺侍瑞智記試識異致翠騎類棄餌
媚鼻易轡墜醉議翅避幟芰荔莉萃粹誼帥廁寄睡
忌穗二貳四肆臂嗣吹遂恣驥季刺駟泗痣誌寐魅
燧隧謚熾飼食被懿悸覬冀暨匱饋簣比庇畀祕珥

示嗜自緻譬彗肆惴縊企縋摯

五未

未味氣貴費沸尉慰蔚畏魏緯胃渭謂諱卉毅溉
既翡彙

六御

御處去慮與譽署據馭曙助絮著豫恕遽庶疏詛
茹淤瘀澦歟詎

七遇

遇路潞璐露鷺輅賂樹澍度渡賦布步固痼錮素
具數怒務騖附兔故雇顧句墓募泝注註住駐祚裕
訴訃誤悟晤寤戍庫護屨蠹妒懼趣娶禱胯付諭嫗
鋪捕哺吐汙措厝錯醋酤鮒仆赴賻酺惡互沍孺怖

煦寓瓠屢塑

八 霽

霽濟制製勢世麗歲衛第慧幣砌滯祭際厲泥涕
睇契敝獘斃帝蒂禘髻銳戾裔袂繫隸閉逝綴翳細
稅例億筮噬唳蕙荔薊薙藝誓計說詣諦謎礪勵瘞
繼系叡曳眥禊嬖棣彘蛻羿

九 泰

泰帶外蓋大沛旆霈賴瀨籟癩蔡害會繪最貝狽
靄藹艾兌會儈檜膾澮磕汰蛻

十 卦

卦挂解懈廨隘賣畫瘥瘵派債快怪壞介价芥界
疥戒誡械寨拜湃邁話敗曬稗屆憊殺鎩蠆喟唄

十一隊

隊內塞愛曖輩佩代岱貸黛退載碎態背穖采菜
對廢悖悔誨晦昧妹礙戴配喙潰憒吠肺逮埭槪溉
慨愾耒塊乂刈碓賽耐淬睟磴焙在再欬睞徠北

十二震

震信印進陣鎭振刃仞軔韌順愼儐鬢殯晉駿峻
晙閏舜吝燼潤濬汛訊迅釁瞬襯櫬僅藎饉覲瑾藺
躪徇殉賑趁

十三問

問聞運暈韻訓糞奮分忿醞慍憤郡紊汶斤靳近
抃

十四願

願愿怨劵勸恨論萬販飯曼蔓寸巽困頓遁遯建
健獻憲鈍悶嫩遜遠褪晼圈

十五翰

翰岸漢灌斷亂幹榦觀冠歎難散旦算半畔貫按
案汗炭贊讚漫縵玩竄攛粲璨燦爛讕喚換渙惋悍
彈憚段看判叛泮絆伴館墁

十六諫

諫雁贗閒澗幻患慢盼辦豢晏棧慣串莧綻疝訕
謾瓣篡

十七霰

霰殿面縣變箭戰扇煽善膳繕傳見現硯選遣繾

院鍊燕嚥唁宴賤電薦狷絹眷彥掾佃甸鈿倦便麵
線羨堰奠戀轉囀釧練眩倩卞汴忭弁拚片禪譴諺
緣顫擅援媛淀澱旋穿茜楝衒炫眩

十八嘯

嘯笑召照詔邵廟少妙竅要曜耀調釣弔燎嶠眺
眺肖誚哨叫料尿剽掉鷂噭燒漂醮驃

十九效

效校較教孝貌橈櫂淖棹豹鬧罩窖鈔砲覺

二十號

號冒帽報導盜操譟噪灶照奧澳燠告誥暴瀑好
到倒勞耄澇蹈悼縞掃靠造糙鑿

二十一箇

箇個賀左佐作坷軻大餓那些過和坐座挫銼課
唾播簸磨臥破貨磋惰

二十二禡

禡駕罵乍夜下謝榭柘罷夏暇霸壩灞瀉嫁稼赦
借價假化藉炙蔗舍射架亞婭罅麝跨吒怕迓詫訝

二十三漾

漾樣養上望相將醬狀帳悵怏恙浪唱讓釀曠旺
壯放向餉仗傍償暢量匠障滂況尚漲訪舫諒嶂瘴
亢抗吭炕當臟王纊亮妄創愴喪兩碭颺閬

二十四敬

敬儆命正政令性竟獍鏡盛行聖泳詠諍請姓慶

映病柄鄭勁競淨孟迸聘倩倂偵硬更敻

二十五徑

徑定聽勝磬罄應乘贈佞鄧甑瑩證孕興經醒廷錠釘瞑剩凭凝凳亙

二十六宥

宥候堠就究售授壽繡奏獸鬥漏漱溜湊富陋宿守狩晝寇茂懋舊冑宙袖岫覆復救廄臭幼右佑祐侑囿豆逗透竇構遘媾購瘦鏤貿走詬謬繆疚灸豰畜耨柩驟首皺縐繇又後后厚

二十七沁

沁浸滲飲禁任衽賃蔭讖譖鴆枕椹闖甚

二十八勘

勘磡暗濫啗擔澹憾纜瞰紺暫

二十九豔

豔劍占店念斂驗殮瀲贍塹槧厭墊欠僭砭兼俺
忝

三十陷

陷監鑑淹汎梵帆懺賺蘸讒劍站

入聲有一屋，二沃，三覺，四質，五物，六月，七曷，八黠，九屑，十藥，十一陌，十二錫，十三職，十四緝，十五合，十六葉，十七洽。

一屋

屋木竹目服福幅蝠輻祿碌轂穀熟孰谷肉族鹿

轆腹菊匊掬鞠麴陸軸舳逐牧伏洑沐澳暴瀑漉宿
蓿讀犢瀆牘轂復覆複粥肅育縮哭斛戮畜蓄叔淑
菽獨卜馥速祝鏃麓蹙竹竺築筑簇穆睦啄鷟禿扑
朴衄鬻燠僕蹼樸鞫郁蹴匐

二沃

沃俗浴欲慾玉足曲粟燭屬矚綠錄籙篤辱褥獄
毒局束告鵠梏酷蜀促觸續旭纛督贖勗

三覺

覺學角榷確嶽樂捉朔數斲卓倬琢琢涿諑剝駁
眊雹撲樸璞殼慤喔幄握渥濁濯擢犖

四質

質日筆出黜窒室實疾嫉術一乙壹七叱吉詰密
蜜率律逸失佚秩軼帙抶泆漆膝栗慄畢蹕恤卹汩

溢瑟匹述唧櫛橘卒蝨悉朮戌暱必姪鎰帥挃

五物

物勿不佛拂屈鬱乞迄吃屹訖掘崛弗髴彷佛倔
詘尉熨

六月

月刖曰骨滑鶻闕越鉞樾核訥謁汩沒歿伐閥罰
卒猝捽竭碣窟突忽笏歇蠍發髮惚韤悖勃餑厥蹶
蕨粤兀杌紇矻齕

七曷

曷喝褐遏渴葛達末沫抹秣闊活括聒鉢脫奪剌
割掇拔跋魃鈸撻撥潑豁卉薩撮怛斡獺

八黠

黠札軋鶻拔八察殺剎刮刖劫戛嘎堰茁猾獺帕
刷

九屑

折屑凸節雪絕結穴悅閱血舌挈潔別缺裂熱抉
決訣鐵拮擷哲晢拙切徹澈轍輟惙綴紲咽噎桀傑
齧絜竭碣掣設說訐譎玦截竊埒餮瞥撇迭跌蹩臬
列冽洌滅褻姪絰巀浙垤薛

十藥

藥薄惡略作樂各洛落烙閣恪貉駱雀鵲鶴鶚弱
爵嚼爝腳幕壑索郭博縛躍若勺杓芍彴約酌灼爚
拓削鐸卻絡度託諾謔諤鄂萼橐掠攫搏摸漠涸鑿
錯鑰籥箔著虐箬穫蠖鍔霍藿廓綽爍鑠蘀籜亳瘧

粕昨酢斫柝格堊噱矍

十一陌

陌宅客窽白伯迫魄百貊虢席策碧簀籍格役疫骼帛戟璧額責積夕汐液脈冊尺隙逆畫鬩赤易革脊獲翮屐適幘劇危石碩磧礫隔益柵核舄昔惜腊瘠辟僻擗癖掖腋摭搤擲拍柏珀舶澤擇嶧繹懌譯驛釋軛摘射斥亦奕跡蹟蹐躑甓炙謫螫翟窄穸襞擘隻鯽膈埸蜴幗摑斁蓆檗嘖啨咋嚇赫刺

十二錫

錫的壁歷曆壢績擊勣笛滌敵滴摘鏑適嫡檄激寂翟覓覿覡逖糴析晢淅汨溺瀝狄荻冪戚慼喫甓霹靂惕裼踢剔礫轢皪鬲闃闅

十三職

職力翼墨息黑極側飾賊北刻則式域殖默憶特
勒仄克逼剋即拭弋色國得德食蝕

十四緝

緝輯葺戢揖唈挹立笠粒集色邑入汁泣溼濕澀
習給十拾什廿急襲及岌汲吸級蟄執摯翕歙

十五合

合答塔閤闔盍榼榻衲納匝雜臘蠟蛤鴿沓踏颯
拉搭搨

十六葉

葉帖貼妾接牒蝶諜堞喋獵疊摺捻捷婕睫攝躡
懾協挾俠莢鋏浹頰篋笈燮靨饁

十七洽

洽夾狹峽硤筴法甲呷胛柙匣業鄴壓鴨乏怯劫

脅掐插鍤歃押狎祫袷